保守の旅路

伊吹文明

望月公一……聞き手

中央公論新社

序章　刊行によせて

議員引退　変わらぬ想い

この本は読売新聞の連載「時代の証言者　保守の旅路　伊吹文明」をもとにしたものです。「時代の証言者」は、今日の社会体制や私たちの暮らしが、どのように形成されてきたのか、先人たちの「時代の証言」を伝えるインタビューシリーズと伺いました。私も「自伝ではなく、私の見てきた『時代の証言』として、お話をさせてもらう」ということで、取材に答えました。ですから、証言する私の時代を見る目がどうやって養われてきたのかという視点から、私の生い立ちと我が家の躾や家訓、生まれ育った京都の風土、学生時代などについても、お話ししました。この本では、新聞連載では紹介しきれなかったエピソードなどを勧められるままに、かなり追加して証言しています。私の見てきた昭和から平成、令和の時代の証言を書き記し、後世に残しておきたいと思ったからです。一人の日本国民の目から見た、昭和、平成、令和の近現代史としてご覧頂ければ幸いです。

2021年10月、私は衆議院議員総選挙に出馬せず、議員を引退しました。今も一日2万歩以上は歩いています。健康だと自信を持っていても、私も男性の平均寿命を超えました。

人それぞれの出処進退は最後は自分で決めねばならないと言われます。私は世襲議員ではなく、誰かが苦労して創られた地盤を譲って頂いた議員でもありません。議員を引退する時は、選挙に敗れて引退することだけはしない、自分の判断で決めたいと思っていました。

もちろん、配慮しなければならない方々はおられるので、独断はできません。地盤のなかった私と一緒に荒野を開墾して頂いた後援会の方々、地盤に水や肥料を与え、育てて頂いた有権者の皆様、そして様々なつながりのある地元京都や中央の政界の同志、仲間の人たちです。何人かの人には内々に相談はしました。「もう1回だけやったら」「後はどうするのか。身内から出したら」などのご意見もありました。

しかし、国会議員は有権者から主権を預かり、国政に参加している。任期中に病気にでもなれば、支援者、有権者に申し訳ない。小選挙区制なので衆議院京都1区選出の代議士は私一人。元気な間に確かな人に交代するのが、公職にある者の義務かなと思いました。また、国会議員の職は、私が創業した私企業ではない。公職に世襲は合わないと思っていましたし、私の身内で後を継ぐという者もいませんでした。実際の国会議員の仕事はテレビドラマに出てくるようなものではなく、苦労の多いことを身近で見ていたからでしょうか。

安倍さんと進めた文化庁京都移転

2023年4月、選挙応援で遊説中の岸田首相が襲撃されました。また前の年の7月に遊説中の安倍晋三元首相が銃撃され非業の死を遂げる事件がありました。選挙、言論は民主主義の根幹であり、それを暴力で封じるのは民主主義を否定するもので、これらに関する論調もほとんどそうなっています。

しかし、安倍さんの事件は旧統一教会への恨みを代わりに受けたもので、岸田さんの場合は、立候補要件の供託金制度を違憲とする訴えを司法に却下された不満の矛先を行政の責任者である首相に向けたと報道されています。

これまでも、選挙運動中は、どうしても要人の露出が大きくなり、狙われやすかった。安倍さんを銃撃した犯人は「政治信条の違いではない」と明言していますね。選挙運動中は狙いやすいから、犯行に及んだということでしょう。選挙運動の暴力による妨害は、結果として、その通りなのですが、そこで議論を終わらせず、それぞれの事件の本質や政治の対応に加えて、暴力に訴える風潮に警鐘を鳴らすという最も大切なことを強調するべきでしょう。

残念ながら、安倍さんは亡くなられた。『安倍晋三回顧録』（中央公論新社）が話題になっていますが、私も安倍さんとはいろいろな思い出があり、その一つが文化庁京都移転です。

23年3月27日、文化・芸術振興、文化財保護、宗教などを担う文化庁が京都に移転しました。中央省庁の移転は明治以来初めてのことで、第2次安倍内閣が14年に掲げた地方創生の目玉でした。

「地方創生の目玉として、中央省庁移転を打ち出しながら、一つも実現できないのでは鼎《かなえ》の軽重を問われる」

14年に衆議院議長を退任した後、私は安倍さんにこんな話をしました。

「京都、奈良、滋賀には多くの国宝や文化財がある。茶道、華道、京料理などの無形文化財も多い。これらを生み出した日本人の伝統的な生き方は、国際都市・東京には、もうほとんど残っていないが、京都にはまだ少しはある。文化庁の移転は、あなたの言う『美しい国、日本』につながるのではないか」

京都でビルの間に残っている町家では、毎朝、自分の家の前を今でも清め掃く人がおられる。向こう三軒両隣、昔は皆そうしていたので、通りの掃除は行きとどき、美しかったものです。公共の精神、第1次安倍内閣で実現した教育基本法改正で目指した日本人の姿です。協調・調和の生き方、すなわち文化だと思います。私が安倍さんに「移転するなら文化庁を京都に移すのが最も据わりがいい」と説いたのは、そういうわけでした。

安倍さんとは内々の合意はできたのですが、文部科学省関係者、特にOBの反対論も強かった。現在の石川県知事で、当時、文部科学相だった馳浩さんが尽力してくれて、16年に京都移転が決まりました。

神社仏閣や絵画、工芸などの文化財は、日本人の生き方や価値観を表現したもの。それらが多く残る京都には、助け合いや協調の精神、日本人の生き方も息づいている。地域社会が今も細々と残る「村的百万都市」で、祇園祭などの伝統行事も続いています。文化庁を受け入れ、日本人の伝統的規範や価値観を残せるように日本を引っ張っていく気持ちに京都人もなってほしいですね。

具体的には、今も小学校区ごとに残っている互助組織や行事を大切にし、維持していってほしい。新年会、夏祭り、地蔵盆、地域運動会、敬老の日、年末の防火防災巡回などなど。町家も次第にマンションに建て替わり、住民の移動も増えているけれども、まだまだ京都には助け合いの精神が残っている。新しい住民の中にも進んで参加してくる人もいるでしょう。

京都人の誇りと気質

京都で生まれ育った私の保守の考えは、古都に残るよき伝統、日本人の持っていた心根に大きく影響されているように思います。京都には長い間、「権威と文化の中心」という誇りがありました。NHK大河ドラマ「鎌倉殿の13人」で描かれた承久の乱（1221年）で、権力は武士の幕府に移っても、時の権力者は京都に上り、天皇の権威で征夷大将軍に任じられていた。ところが、明治維新で天皇陛下も東京に行かれて、権威も奪われる。京都の喪失感は大きかった。反東京、反権力的な心情が生じて、中央政府に対峙《たいじ》する共産党などの革新勢力が強くなったのだと思います。京都では、蜷川虎三《にながわとらぞう》知事の「革新府政」が1950年から7期28年も続きました。

こうした歴史を反映して、京都人の気持ちは複雑なものがあります。次々と入れ替わる権力者からにらまれないように、付き合いもほどほどにしておかないと、次の権力者とうまくいかない。本音を明かさず、つけこまれないようにする。間口が狭く、奥行きの長い京町家はその表れでしょう。そのあたりがなかなか本音を見せない京都人の嫌なところでもありますね。しかし、京町衆の仲間とは助け合い、協力しながらつつましく暮らしている。だから、京都の最高のもてなしは自宅に招くことでした。高い料亭で目立つような贅沢《ぜいたく》はしないが、心許した仲間は自宅で器にもこだわり、古九谷の皿などで念入りにもてなす。というわけで、京都には仕出し屋という料理人がいる。包丁と食材を持参し、弟子も何人か連れ、しかるべき家を訪ねて料理をする。東京で名店と言われる店を構える料理人でも、京都にある家は何の変哲もない町家です。

そんな京都なので、町衆の料理への評価は厳しい。1万円支払って1万5千円の満足を得ると「ええ店や」。3万円取られて、2万5千円の満足では「あきませんなあ」となる。京都で評判になって東京に出店し、簡単にミシュランに載る店は「困ったもんですなあ」と言われる。自分の懐を痛めない社用族の多い東京では、値段で判断しがちですが、自分で払い、自分の判断を大切にするのが京都人の生き方、文化だからです。

私が料理を趣味の一つとして、手料理を紹介する『いぶき亭　四季の食卓』（講談社）

祇園祭の山鉾巡行で先頭を歩く伊吹さん（右）

を出版したのも、そうした影響ですかね。

「保守」とは謙虚な思想

話を政治に戻します。政治家として活動を続けてきた私は、常に保守の理念を大切に、判断、行動してきました。

メディアなどでは、保守は様々な意味で使われます。最近では、ウクライナ侵略をしているロシアのプーチン大統領より、もっと強硬な主張をする学者や政治家を保守強硬派などと言いますね。

私の大切にしている保守とは、謙虚な思想だと思っています。自分自身を含め、人間は判断を間違えるものです。だから、個人や一党の独裁、統制や計画経済ではなく、多くの人が参加する民主制、自由や市場経済を、私たちは大切にしている。独裁政治の怖さ、誤りはロシアのウクライナ侵略で明らかでしょう。

しかし、どんな思想、制度にも長所と短所は必ずある。民主制は人気取りのポピュリズム（大衆迎合主義）に陥り、自由や市場経済も行き過ぎると「わがまま」や「もうけ至上」になる恐れがある。ネット社会、ソーシャル・ネットワーキング・サービス（SNS）の影響で、トランプ政権以降の米国では陰謀論やフェイクニュースが社会を分断し、大衆扇動、ポピュリズムによる民主主義の危機が現実になっています。

民主社会の秩序を守るのが「法の支配」ですが、法律以上に秩序を保つ役割を担っているのは、その社会における暗黙の約束事、人々の行為や行動へのある種の歯止めになる伝統的な規範や慣習で、それは民族ごとに、宗教・生活習慣・地理的条件などにより、歴史の中で育まれてきたものです。

自由主義の思想家として知られるハイエクもこれらを「自生的秩序」と呼び、重視しました。一人一人の理性や矜持《きょうじ》が大切で、これは「良識」と言えるでしょう。長年にわたり、祖先から醸成されてきた生き方、伝統、文化などを大事にし、時代に合わせて更新していくことが保守の本質であり、良識が保守の基本にあると思っています。

戦後、連合軍に占領されていた日本では、戦前、戦中への反省、反動から、民主主義や自由が強く叫ばれてきました。民主主義が制御のできない大衆扇動運動になったり、自由を社会の調和を乱すわがままと履き違えたりすることに警鐘を鳴らした池田潔さんの『自由と規律』（岩波書店）は、今も私が若い人たちに薦める名著です。池田さんはこの中で、英国の名門私立校（パブリック・スクール）での教育を通じて、自由の大切さとそれ故に自由を守る自己規律の価値を説いています。

ローマ帝国の賢帝マルクス・アウレリウスは著書『自省録』の中で、自分に影響を与えた人たちの教訓や思い出を記しています。私は戦中に生まれ、物心のつかない子どもの頃から現在まで、戦後の復興から経済成長、昭和、平成、令和の時代を生き、多くの人たちに出会いました。気付いたり、あるいは気付かぬままに、それらの人たちからの教えが、私の生まれた時代や環境、受けてきた躾とあいまって、私の価値観、主義主張、ものの見方を形作ってきたように思います。

私の保守の目から見た85年の旅路を証言していきたいと思います。

保守の旅路——目次

装幀　中央公論新社デザイン室

保守の旅路

第1章 誕生から大学時代まで

商家のしきたりを示した伊吹家の「家憲」

私は1938（昭和13）年1月9日、京都市下京区の産科病院で生まれました。第2次世界大戦の遠因の一つとなる日中戦争が始まった翌年です。

1937年7月、盧溝橋事件から日中戦争が勃発した。以降、日米開戦を経て、45年の終戦まで、日本は長い戦争の時代が続いた。

生まれたばかりで知るよしもないのですが、後に聞いたところでは、まだ世相は穏やかだったそうです。父良太郎、母直子の長男で、双方の祖父母にとっては初孫。自宅での出産が多かった時代、京都中心部の産科病院で生まれた私は大切に育てられた記憶が残っています。

伊吹家は、祖先が江戸時代中期、伊吹山の麓、滋賀県の旧高月町《たかつきちょう》（現・長浜市）から京都に出てきて、最初は紅染屋に奉公していましたが、太物、今で言う木綿の商いで成功したそうです。それから200年以上、繊維、衣類の問屋が集まる京都・室町で繊維問屋をしています。

大正、昭和初期の京都の資産家、商売番付を見ると、本家の名前が出ています。京都の商家の跡取りは当時、京都市立第一商業学校（現・京都市立西京高校）などに進み、卒業後は商家で実地に商いを身につけたと言われています。そうした中でも、学問に意欲のある人は大阪高等商業学校や神戸高等商業学校などに進学するのが普通だったそうです。父は京都府立一中から第四高等学校、早大法学部に進み、一時は法律家を目指していたそうです。母は府立第一高等女学校を出て、優等賞にもらったすずり箱を大切にしているような人で、お決まりのコースを外れた、当時ではモダンな夫婦と言えるかな。そういう家庭で育ちました。

両親が結婚する時、祖父から建ててもらったのが、石庭で有名な龍安寺《りょうあんじ》の近く、京都・御室《おむろ》に今も残る私の実家です。洋風の造りで、当時はモダンな家だったと思います。お隣は京大の哲学の先生、２００メートルばかりのところに祖父の和風の家がありました。高度成長期に住宅がびっしりと建ちましたが、昔はポツンポツンで、周りはほとんど畑か野原。キリギリスなどの虫の音がよく聞こえるようなところでした。

小学校に入る前の私は、ご近所の家が多くないこともあって、年齢の近い子どもが少なく、お隣の京大の先生のお孫の子たちが唯一の遊び仲間。すでに戦時中でしたが、寺ら隠れんぼ、虫取りでセミなどをつかまえて遊びました。昔はアブラゼミやツクツクボウシが多かったと記憶していますが、今は温暖化の影響でしょうね、南方系のクマゼミの鳴き声が多くなったと思います。

伊吹家にはは商家のしきたり、躾を記した「家憲」があり、しっかり守られていました。第７条は「身の分限を守るべき事　分限とは衣食住ともに　身分相応の暮《くら》（し）を為す事をいふ」。補則まであり、「1　商売の費用は惜しんではならないが、暮らしは華美にならないように慎むべき」「2　仕入れ先やお得意先を大事に従業員を大切に」——などと細かく丁寧に書かれています。こんなことまでと思わず笑ってしまうのは、「謡い少々良ろし。仕舞するべからず」と書いてある。能楽でも謡いは声を出すだけなので、お金がかからないから少々ならいいが、仕舞を始めると、面や能衣装にお金がかかって、商売に影響するので、手を出してはいけないということのようです。

いわゆる「けち」なのかというと、そうでもない。明治維新時、政府（太政官）から義務教育について定めた教育令が発せられる前に、京都では町衆の心意気で多くの小学校が建設されましたが、本家では進んで大口の寄付をした記録が残っています。当時の京都の商家は皆同じような生き方をしていたのではと思います。

そんな雰囲気が残っていた家でしたから、贅沢な思い出はありません。外食に行くことや出前を取ることもなく、服はほとんど母のお手製でした。母は何事も器用な人で、私たち兄弟妹3人の子ども服は、嫁入り道具のシンガー・ミシンで作ってくれました。冬のセーターなどは毛糸の手編みでした。私は今も母の手編みのセーターを大切に着ています。

幼少時の伊吹さん（右は母の直子さん）

全て機械編み、既製品の現在では、時に「贅沢なものですね」などと言われることもあり、あの時代を思い出しながら、時の流れ、変化を実感しています。

日に日に貧しくなる戦時下での暮らし

1938年5月、国家総動員法が施行された。戦時体制が強まり、日本は泥沼の戦争に突き進んでいった。

作家の塩野七生さんも言っていましたが、昭和10年代生まれは、まだ、物心のつかない子どもだったので、戦中、戦争体験の記憶は中途半端です。ただ、出征していた伯父の戦死通知が届いた時のことは鮮明に覚えています。

祖父と祖母は昼間、人前では、「お国のために立派に役立ってくれました」と気丈に振る舞っているように子ども心にも見えました。夜になると、二人は届いた遺骨箱の前で、一緒に泣いていました。子どもの好奇心でそっと開けてみると、箱の中に遺骨はなく、小石が1個入っていました。

幼い私には人の死、肉親との別れなど、わかるはずもないのですが、かすかに覚えている伯父に、もう会えなくなるのが戦争なのだと知った時でした。

4歳から幼稚園に入りました。私鉄と京都市電を乗り継いで、母が送り迎えをしてくれました。

私の生家から坂道を徒歩10分ほど下ると、「一条通り」と言われる国道162号に出ます。京都から福井県小浜市にいたる当時の交通の要路で、昔は福井の海産物を京都に運ぶ「鯖街道」の一つでした。当時は自動車などはほとんど通らず、時折、トラックが走るほかは、路線バスとして旧国鉄、今のJRバスが周辺部と京都市内を結んでいました。

近隣の農家の牛の引く牛車が、肥料にするため、ふん尿の汲み取りおけを運んでいました。水洗トイレのある家は珍しく、あっても自家浄化槽でした。

一条通りと交差する嵐山電鉄（嵐電《らんでん》）の妙心寺駅が市中心部に出る唯一の交通手段でした。この嵐電は、観光名所の嵯峨野、嵐山渡月橋、東映太秦《うずまさ》映画村などへのアクセスとして、今では多くの観光客で賑わっています。当時はそんなこともなく、また知るよしもありませんでした。

1939年9月1日、ドイツのポーランド侵攻で第2次世界大戦が始まった。41年12月、日本は米英と開戦し、大戦は太平洋戦争に拡大した。

当初は日本軍も勢いがありましたが、年を追うごとに食糧がなくなり、毎日の暮らしが貧しくなっていくのがわかりました。特に戦争末期の2年間と戦後の数年はひどい状況でした。お米はほとんどなくなり、麦やコーリャンの混ぜご飯はまだ良いほう。トウモロコシの粉、油を搾った大豆のかす、サツマイモやカボチャが主食になりました。少しのお米に大豆の搾りかす、サツマイモの雑炊を覚えています。サツマイモのツルや葉っぱも入っていました。

時々、農家の人がひそかにお米を売りに来たのを覚えています。今のように精米されたコメではなく、籾殻《もみがら》の残っているものでした。祖父は一升瓶にそのお米を入れ、棒で突きながら精米しようと汗を流していました。栄養の取り過ぎで肥満やメタボになる今とは違い、食べられずに栄養不足で亡くなる人の多い時代でした。食べられるものを残して捨てたり、贅沢な料理を当然と思う現在の若い人たちにも、日本にもこんな時代のあったことを知ってもらいたいと思います。

我が家の庭は掘り返され、防空壕《ごう》が作られました。残りの土地はサツマイモやカボチャを植えた畑です。戦後、防空壕は埋められましたが、畑は５年ほど続けられました。戦後は鶏も10羽ほど飼っていて、その卵や鶏肉は大変なごちそうで栄養源でした。

後に聞いたのですが、家業の繊維問屋も大変な状況でした。衣類や繊維製品も統制、配給制になり、自由な商売はできない。海軍からの命令で、零式艦上戦闘機のプロペラを製造する会社をやらされました。父が責任者になった工場では、鋳物でプロペラを作り、三菱重工京都工場に納入しました。糸偏の商売から畑違いの金属加工の仕事です。そのうえに終戦で海軍がなくなると、納入代金が払われない。多くの工員を抱え、後始末で大損害を被ったそうです。

44年に京都市立御室小学校に入学しました。当時は国民学校。木製の銃を担いだ６年生が校門に立っていて、校庭の半分は芋畑でした。修身、国語、算数などの成績表には、「戦場の勇士に感謝する」などと記されていました。学校の成績表は優、良上、良下、可の4段階評価で、生徒宛てではなく、父親宛てになっていたように記憶しています。教師の先生も男性は兵士として戦地に送られていたのか、1年生、2年生と戦時中の担任は女性の先生でした。体罰も当然の時代でしたが、女性の先生だったからか、その記憶はありません。

終戦　懸命に働く大人たちの姿

ドイツに続いて、日本も降伏する。1945年8月15日正午、ラジオの玉音放送で国民に知らされた。

アブラゼミの声がうるさい暑い日でした。父は軍需工場に出勤していて、母と4歳下の弟・洋の3人で終戦の詔勅を聞き、私は大泣きしたと、母から後によく言われました。日木が負けたという敗戦の意味や占領、主権などはわかるはずもない年ですが、学校で教えられているままに「男は殺され、女と子どもは鎖でつながれ、奴隷として連れて行かれる。家族と別れ別れになる」と思って悲しくなったからです。今から思えばバカげた話でしょうが、言論は統制され、学校で「鬼畜米英」と教えられて信じ込んでいたのです。これが情報統制の怖さで、今のロシアなどの状況と似ているようですね。

戦地に行かれた方、無差別爆撃を経験した方などに比べれば、戦争体験を語る資格もありませんが、大変な時代でした。その日、母は残しておいたお米を取りだし、サケの水煮の缶詰を開けて、炊き込みご飯を作ってくれ、夜、帰宅した父と一緒に家族4人で食べました。私は食べることが大好きでよく自分で料理をしますが、あんなにおいしいものがあったかな。人生の中で忘れられない一番うまいものでした。

終戦時の記憶ですが、私の通っていた京都市立御室小学校の浅田信文校長のことを思い出します。「間違ったことを教えていたことをわびる」として、自ら辞職されました。子ども心にも潔かった。戦後進歩的言論人に豹変した人が多い中、立派な日本人もまだ多くおられました。

1945年8月30日、連合国軍最高司令官総司令部（GHQ）のダグラス・マッカーサーが神奈川県の厚木飛行場に降り立ち、GHQによる占領が始まりました。

社会や学校はガラリと変わり、学校では、拝礼していた天皇陛下のご真影は撤去され、教育勅語の暗唱や修身の科目もなくなりました。上級学年からのお下がりだった教科書で、「鬼畜米英」などと書かれた箇所や戦争のことは黒塗りにしてありました。

社会の雰囲気がまったく変わってしまったことは子どもにもわかりました。「お国のため」などと声高に言っていたおじさんが、「民主主義だ」「自由だ」と急に言い出したのには、何か違和感がありました。街には駐留外国軍人が闊歩《かっぽ》し、自転車の引くリヤカーの横を米軍のジープが猛スピードで通り過ぎる。京都市内の便利の良いところにある大きなお屋敷は軒並み駐留軍に接収されました。後日談ですが、返還後、家主が屋敷に入ってみると、床柱に白ペンキが塗ってあった。文化の違いに苦笑いもあったそうです。

食糧難はさらにひどく、校庭の芋畑はそのままでした。雑穀の入ったご飯が毎日の食事。

冬はダルマストーブで、石炭のほか、廃材も燃やして教室の暖を取り、夏は窓を開けっ放しにして授業しました。

とにかく食糧がないので、食糧生産者である農家の立場は強かったですね。特に主食になる米は政府が買い上げ、国民に平等に配給する管理物資になっていました。米穀配給通帳により、世帯ごとに毎月一定量の配給を受けました。しかし、配給の食糧だけではとても足りない。農村から闇市に食糧などを運ぶ「担ぎ屋」と言われた人たちが横行します。統制外の米や食糧を求めて、農村を訪ねて買い出しに行く都市の人々は必死でした。京都市内からは丹波や滋賀県などに着物などを持って行き、食糧と替える物々交換です。タケノコの皮が一枚一枚剝がれるように、衣服など、身の回りの財産を少しずつ売って食いつなぐ暮らしは「タケノコ生活」と言われました。

衛生状態も悪かった。下水道が未整備なので蚊が多く、ノミやシラミもいる。刺されたり、かまれたりして、かゆいので手でかくと、傷口がよく化膿したものです。衛生環境もありましたが、何よりも栄養状態が悪かったので、体力がなく、抵抗力が弱かったのでしょうね。そんな中で家族を支えるために大人たちは懸命に働いていました。その姿を見て育った幼少期の記憶は、私の生き方に影響したと思っています。

社会の変化に伴って、子どもだった私たちが読んでいた漫画も、「のらくろ」や「タンクタンクロー」といった戦時色の強いものから、アメリカの日常生活を描いた「ブロンディ」に替わります。電気冷蔵庫や洗濯機、掃除機が当たり前のアメリカの物質的豊かさに国民はあこがれていました。

戦後の混乱から少しずつ復興に向かっていたのでしょう。校庭の芋畑がなくなり、学校給食が始まりました。食糧援助の黒いパンと脱脂粉乳、時々、米軍放出のコンビーフの入ったみそ汁が出る日はうれしかった。給食係の生徒がみそ汁を配膳すると、コンビーフの塊が崩れずにお椀に入ってこないかと期待したものです。

この頃の自宅の周辺、京都の郊外の風景を証言しておきます。下水道は整備されておらず、生活排水は道路両端のむき出しの側溝に流れていました。近くには水田や畑があり、小川が流れていました。蚊が大量に発生しますが、エアコンなど皆無ですから、夏は網戸で風を入れ、夜は蚊帳を吊って、その中で寝る。明かりを求めてカブト虫やクワガタがよく飛んできました。農薬や化学肥料もない時代ですから、田んぼや小川には、ドジョウやザリガニ、カエル、トンボの幼虫「ヤゴ」がたくさんいました。ガス風呂などもちろんないので、風呂の燃料にする薪や松葉を近くの里山に拾いに行くと、柴栗が落ちていて、時には松茸も手に入りました。今はガス風呂、全て電化され、下水道は整備されました。水田や畑もなくなったので、自宅の周辺では生き物の姿は少なくなり、蚊もめっきり減りました。便利さの代償はエネルギー多消費による温暖化。暑さは厳しく集中豪雨の災害も多い。科学は人間に幸せと同程度の不幸をもたらすとの言葉がありますが、要は使いすぎない、むさぼらないという自己抑制ができないと、科学の発展は大きな不幸の原因にもなるということでしょう。昨今の世相を思うと、何もなかったのに、あの時代が懐かしく思い出されます。

その頃、小学生の私たちにはわからないところで、GHQの指示による教育改革が進みました。自治体の教育委員会に学校経営を行わせることや男女共学、戦時中の国民学校を廃止し、6年制の小学校に3年制の新制中学校を創設して、義務教育年限を9年に延長する「6・3制」が始まりました。

これまでの中学校は高等学校に衣替えです。新しい3年制の中学校を新設し、教員も確保しなければならない。私のいた御室小学校を含め、いくつかの小学校の卒業生を受け入れる中学校の建設が進んでいましたが、どんな学校になり、どのような先生が教えてくれるのかもわからない。全国各地で似たような状況だったと思います。そんな状況を心配した母から勧められ、私は私立の同志社中学に進学しました。この年、朝鮮戦争が起こりました。

1950年6月25日、北朝鮮が韓国に攻め込み、朝鮮戦争が勃発した。7月、マッカーサーは吉田茂首相に警察予備隊創設を指示した。戦力放棄を定めた憲法施行から3年で「再軍備」に方針転換するものだった。

同志社は新島襄が創設した英学校に始まるキリスト教プロテスタント系の学校で、京都の地元企業、老舗の経営者には同志社出身が多い。いわゆる「ええとこのボン」が多いということです。当時は珍しかった補助エンジン「ホンダ・カブ」付き自転車で通学している生徒もいました。

１９４８年創立のホンダは、カブに代表される自転車用補助エンジンの製造から始まった。補助エンジンのついた原動機付き自転車は当初、軽車両扱いで、免許なしでも乗れたが、許可制を経て60年の道路交通法施行で免許制になった。

私鉄と市電を乗り継いで郊外から通学していたような私には、この学校の雰囲気はなかなかなじめないものでした。マイカーはもちろんバス交通の便もあまりなかった時代です。朝の通学時間は1時間半ぐらいで、それも通勤ラッシュと重なりました。夕方、帰宅すると疲れ果てている。仲の良い友人たちもできましたが、近くの学校に通う、かつての友達が懐かしかったものです。

高校進学　先生方に恵まれて

戦後初の好景気だった朝鮮戦争特需を経て、日本は復興に向かいます。その時期に平和条約の調印で連合軍の占領から解放され、日本国民の意思で国の事ごとを決めうる主権が回復できました。

1951年9月8日、サンフランシスコ講和条約と日米安全保障条約が調印されました。敗戦から6年、日本は独立を回復しました。

同志社中学3年生になった時、両親から同志社高校に進むか、地元の公立高校に進学するかを問われ、自分の意思で公立高校に進学することを決めました。そのまま同志社高校へエスカレーター式に進むと勉強をしなくなる、と母が心配していたことも頭にありました。

当時は共産党の主導する蜷川虎三知事の革新府政で、「十五の春を泣かせるな」を合言葉に、統一の試験問題で受験して、居住地に近い通学圏の高校に合格者を割り振る「総合選抜」でした。完全な地域割りなので、53年、私は地元の京都府立嵯峨野高校に入学しました。

京都・室町で西陣織の老舗問屋だった矢代仁兵衛さんの寄付で開校した嵯峨野高等女学校を前身として、50年から府立嵯峨野高になった高校です。今では進学校になっているようですが、当時は洛西《らくせい》の平凡で家族的な雰囲気の高校でした。

学校の敷地には畑や花壇があり、園芸部のクラブ員や先生が手入れをしていて、美しい花がいつも咲いていていました。園芸部を担当していた人文地理の先生は、「花は心をやさしくし、緑は空気をきれいにする」と言われていたことを覚えています。私は縁がありませんでしたが、お茶室もありました。今ならわかりますが、経済の発展と共に姿を消していく何かが当時の嵯峨野高校にはあったのだと思います。当時は、そのありがたさを理解できなかったのですが。経済が少しずつ持ち直してきて、校内売店でジャム入りのパンなどが販売されるようになりました。お小遣いのある時には、売店のパンと瓶入り牛乳を手に入れてうれしかった。なんともつつましい時代だったのですが、20数年後、私が選挙準備で苦労した時に助けてくれた多くの友人を得たのも、この時代でした。

ちなみにずっと後輩になりますが、立憲民主党の幹事長を務めた福山哲郎さんも嵯峨野高校の卒業生です。

校歌の作詞は、『広辞苑』編さんで知られる言語学者の新村出先生で、作曲は團伊玖磨さん。2人とも超大物です。「山峡《やまかひ》に　雲涌《わ》き起こる　畑中に　立ちて想《おも》へば」と歌われている歌詞そのままの風景で、西の愛宕《あたご》、東の双ヶ岡《ならびがおか》、比叡が遠望できる田園の中に建つ校舎。畑の中を歩いて登下校する牧歌的な風景でした。今は観光地の嵐山、嵯峨への道路が通って畑などはなくなりました。

地元の小学校時代の友達と再会しました。整備されていませんでしたが、テニスコートがありました。テニスをしたり、吟行の遠足をしたり。

「滝茶屋に姥《うば》ひとりいてラムネ売る」

吟行で特選になった俳句ですが、振り返れば拙い句です。

エスカレーター式の私立中学校から公立高校に進んだので、自分の努力で大学に入らなければならなくなり、勉強はしました。今でもありがたいと思うのは、サラリーマン的ではなく、教育者と言える先生方でした。授業で遅れた生徒には放課後に補習があり、夏休

京都府立嵯峨野高校の卒業式で友人と。右が伊吹さん

みには進学希望者に特別授業をしてくれました。

教室での授業だけでなく、夏休みにはクラス全体で遠足に行ったり、学校の近くを散策して、兼好法師の徒然草に出てくる仁和寺、双ヶ岡を巡ったり。黒板に向かって学ぶより、興味を持って古典を読んでみようという気持ちにさせてもらったように思います。

当時の先生方の中から、大学教授になられた方や校長を務められた方がかなりおられたのも当然のことだと思います。戦後10年ほどのあの頃は、一部で日教組の力の強い学校での争議が新聞をにぎわしていたことを思うと、恵まれた高校生活だったと思います。

1954年末から、神武天皇が即位して以来初めてという「神武景気」が始まり、56年、政府経済白書は「もはや戦後ではない」と宣言しました。戦後復興から高度経済成長に進んでいきます。

京大で自由と秩序、理念の礎を学ぶ

進学指導に従って、1956年、京都大学経済学部を受験し、合格しました。あまり入試の出来も良くなかったと思うので、なぜなのかはわからなかったのですが、入学式で経済学部の代表宣誓をしました。大変緊張したのを覚えています。京大では、私の保守の考えに大きく影響する出会いがあり、その後の人生の教訓を得たり、多くの友人に恵まれたりもしました。

56年4月から、京都大学の学生生活が始まりました。ちょうど高度経済成長期に入る頃のことです。1年生は京都市外の宇治に建てられたバラックで授業を受け、2年生から京都市左京区の旧第三高等学校の校舎で学びました。硬式テニス部に入りました。学生数の多い大学の中で、語学のクラスや部活の仲間が友人の中心になりました。自然科学、人文科学の一般教養など、2年生までの授業は、そう難しいこともなかったので、自分で日本と世界の文学全集や古典、歴史書を読んでいました。友人たちとテニスをし、史跡名所を巡り、コンパに繰り出すなど、比較的ノンビリした期間でした。

私の時代を見る目を創ったのは、家庭の躾、多くの人々との出会い、そして読書だったと思います。忘れていたのは、父親の趣味の一つが読書であり、我が家には多くの本があったことです。昭和2～6年刊行の『現代日本文学全集』（改造社）から始まり、夏目漱石、森鷗外、島崎藤村、芥川龍之介などの全集、『現代日本文学全集』全98冊（筑摩書房）などがありました。また戦前の『世界大思想全集』（春秋社）で、『ローマ帝国衰亡史』を初めて読んだり、ヒトラーの『我が闘争』やマルクスの『共産党宣言』に触れたりしたのも父の蔵書でした。

大学時代は、あの時代の学生の定番ものであるトルストイの『戦争と平和』、デュ・ガールの『チボー家の人々』、ロマン・ロランの『ジャン・クリストフ』などを読みました。今、読み返してみると、少し読後感が違うのは感受性の低下でしょうか。

1950年代中頃から日本は高度経済成長期を迎える。70年代初頭にかけて、年平均経済成長率は10％に及んだ。国民生活は豊かになり、「三種の神器」と呼ばれた白黒テレビ、洗濯機、冷蔵庫などの家電製品が普及する。

3年生から経済学部の授業が始まります。当時はマルクス主義経済学が多数派でした。私は、少数派だった現代経済学の青山秀夫教授のゼミを選び、ご指導をお願いしました。

青山先生は戦前、戦中の総動員体制下の経済学と一線を画し、ドイツの思想家マックス・ウェーバーの研究に没頭されていたという世評に共感したからです。統制経済に協力しながら戦後豹変した左派系学者に不信があったことも青山ゼミ志望の理由でした。

青山先生は、ウェーバーの『プロテスタンティズムの倫理と資本主義の精神』を研究しておられました。プロテスタントの宗教倫理による勤勉と倹約が資本を集積し、資本主義を成立・発展させたというもので、我が家に伝わる、伊吹本家の「家憲」と一緒だなと親近感を持ったこともあります。

青山先生とは卒業後もお訪ねしたり、政府の審議会で上京された折にお目にかかって、ご教示を頂いたり、お付き合いが続きました。先生の現代経済学の分野での業績は、学究ではない私にうんぬんする資格はありませんが、先生は学者であると同時に教育者として教えられることの多い方であったと思います。戦後の現代経済学界を担った先生方が青山門下から輩出し、各界で活躍した先輩や後輩の皆さんも多数いました。私たち昭和35年卒業組も、先生の教えである「仲良く、助け合って」を大切にし、卒業後も顔を合わせる会合を続けています。

青山ゼミでは、ポール・サミュエルソンの『経済学』、ジョン・ヒックスの『価値と資本』で学び、ケインズでマクロ経済学も勉強しました。経済学の基礎や価格理論を学ぶ中で、「競争や自由には格差や独占という弊害があるのでは」と青山先生に尋ねた時、「是非、ハイエクを読みなさい」と言われました。

ハイエクは、社会主義、計画経済は危険な全体主義につながると批判し、自由や市場経済の優位性を説いた古典的名著『隷従への道』で知られる先哲です。ノーベル経済学賞学者で自由主義者ですが、いわゆる新自由主義とは違う。歴史的に形成された制度や慣習といった「自生的秩序」、それらを含むルールによる「法の支配」で自由と秩序のバランスを守りながら、制度やルールの漸進的進化を目指すべきとしています。私の「保守」の考えに大きな影響を与えました。

この「保守」の考えに触発され、保守のバイブルといわれるエドマンド・バークの『フランス革命の省察』を初めて手にしました。フランス革命において改革の名の下に行われた破壊やポピュリズムの怖さ、大衆を扇動、利用して権力を得ようとする人のずるさ、権力を手に入れた後の理想と現実の違いなどを少しは理解できたように思います。

「保守」という言葉は、定義もなく、無造作に使われています。古いものを墨守する、国家を個人より重視する、その国の歴史を正当化する、はてはロシアのプーチン大統領よりも過激な対ウクライナ強硬派まで保守派と呼んだりします。私がバークから学んだ「保守」は、人は多様な価値観を持っている、従って自分の価値観を押しつけることは間違いになるかもしれないという謙虚さを持つということ。そして事を決する時に最も大切なのは、長年の試行錯誤の結果として残った伝統的規範であり、この規範は民族の歴史により、おのおの微妙に違うということです。これが私の時代を見る尺度となり、政治理念になっていきます。

恩師の勧めで大蔵省へ

1959年4月、皇太子さま、美智子さまのご成婚。民間からのお妃、馬車による初めての祝賀パレードに日本中が沸いた。

この年、4年生になり、私は卒業後の進路を考えないといけない時がきました。当時は今と違って3年生での就職活動など、まったくなかったですね。

京都大学で経済学部を選んだのは、特に将来の志があったからではありません。私は長男。一族で経営する繊維問屋「伊吹株式会社」の後を継がねばならないのなら、経済学部かなという考えがなかったわけではないというぐらい。そんな感覚でした。伊吹株式会社の経営の大変さ、苦しさを実感している父は「自分で決めればよい」としか言わない。母は一般企業への就職を期待していました。後のことですが、伊吹株式会社は、弟が父の後を継いでくれました。弟はもう亡くなりましたが、従業員100人ほどの中小企業の経営に苦労させてしまい、申し訳なかったという思いがいつもありました。

会社や銀行などに勤めて月給を得る人、「サラリーマン」は戦後復興による産業の発展、大都市への人口流入、高等教育の大衆化などで急増した。1960年の国勢調査では、企業で働く雇用者は約2364万人になり、初めて勤労者の半数を超えた。

私は友人と一緒に就職活動を始めました。住友銀行（現・三井住友銀行）の面接を受け、内定を頂きました。

ゼミの教授の青山先生からは、国家公務員試験を受けることを勧められました。1959年8月、国家公務員試験上級職を受験し、なんとか合格することができました。

公務員になり、国家や国民に尽くす仕事をするなどという立派な志を持っていたわけではないので、公務員になるかどうか、どの省庁がいいのかなどは考えていませんでした。当時はまだ経済の復興過程で、高度成長期の入り口の頃でしたから、就職難ではなかったのですが、売り手市場でもなく、えり好みをするのは難しい就職状況でした。

戦後復興が進み、物質的に豊かな生活を求める国民の気持ちが強くなっていた時代を反映し、日本全体がまず経済、生活水準の向上という雰囲気でした。官公庁の人気も大蔵省（現・財務省）、通商産業省（現・経済産業省）が高く、それとは別の志を持った学生は外務省、自治省（現・総務省）などを目指すというのが、公務員志望者の相場観でしたね。私は京大経済学部。公務員・官僚となると、東大法学部というイメージがあったので、どうしたものか迷っていたのが正直な気持ちでした。

「大蔵省に行かないか」と青山先生からお話があり、まだ新幹線のなかった時代、特急「つばめ」に乗って上京し、面接を受けました。大蔵各局の筆頭課長がずらりと並び、緊張しましたが、政策的な難しい話はまったくなく、世間話のような面接で拍子抜けしました。伊勢湾台風で水害にあった岐阜のあたりの被害を見て、京都に戻ると、大蔵省から「採用内定」通知の電報がきました。

1959年9月26日、紀伊半島潮岬付近に上陸した伊勢湾台風は、高潮が都市を襲い、死者・行方不明者は5098人に上った。愛知、三重、岐阜三県の河川・海岸堤防の破堤、決壊による被害が広がった。

住友銀行から熱心に誘って頂き、迷いましたが、青山先生や両親の勧めで大蔵省にいくことを決めました。住友銀行の大阪本店に伺い、内定辞退をおわびしました。人事部長は京都大学出身で、その後、頭取・会長になる磯田一郎さん。「不義理をしたからとおわびに来るのはなかなかいない」と言ってくれました。文句の一つも言われるかと身構えていましたが、カツレツだったかな、行員食堂でごちそうになり、包容力のある人だとホッとしました。後に衆議院選に立候補した時には、親身に支援して頂き、人の縁、筋を通しておくことの大切さを学んだものです。

第2章　公務員生活

初めての寮生活　「見習い」として奮闘

1960年4月1日、大蔵省に入省し、大臣官房秘書課に配属されました。同期入省は17人。初任給は1万1千円と記憶しています。日本経済の体力は自由競争に委ねるには十分ではなく、許認可、行政指導で経済は動いていました。

民間企業の設備投資意欲は強かったのですが、資金は十分にない。多くは金融機関の融資で賄われていたのですが、預金だけでは追いつかない。日本銀行や、民間銀行が貸し出しを繰り返すことによって、最初に受け入れた預金額の何倍もの預金通貨をつくり出す信

大蔵省入省時の伊吹さん。
大蔵大臣公邸だった東京都港区の旧渋沢栄一邸で

用創造に頼ることになる。一番安定した資金供給源は公的部門で、その資金の蛇口を握っていたのが大蔵省でした。成長期なので税収は潤沢に入るが、まだ長寿社会ではないので、社会保障支出は少なく、公共事業、産業、農業の補助金に回せるお金が多くありました。郵便貯金、社会保険料なども財政投融資の財源として大蔵省が管理していました。個々の人物に会いに来るのではなく、その資金を目指して多くの人が大蔵省に来る。主計局の十戒というのがあって、その一つが「気をつけろ、相手はポストに敬礼だ」です。しかし、我々新入省者はそんなことも知らず、天下国家を論じたり、経済政策を議論したり。若気の至りで、同期の仲間は皆、意気軒高としていました。

大蔵省での公務員生活が始まって最初に驚いたのは、東京・四谷の独身寮です。12畳一間に3人が詰め込まれ、洗面場やトイレは共用、もちろん風呂はありません。戦後の復興で「衣食住」の「衣」と「食」については、質はともかく困らなくはなりましたが、「住」はまだまだでした。「住」の改善は「民」が早く「官」は遅れていましたね。民間企業に就職した友人が個室の独身寮と聞き、官民格差にがくぜんとしたものです。

入省直後の四谷寮の日々は、学生生活の延長のような気分でした。大学時代、私は自宅から通学していて、初めての寮生活だったからです。勤務が終わると、寮に戻る前に寄り道をする。近くの銭湯に行って、中華食堂でラーメンを一杯。日曜は洗濯をしたり、同室の同僚と碁を打ったり、経済学や小説の読書をしたり。時々、テニスにも行きました。社会人になったという自覚より、初めての一人暮らしで、今まで全てが親がかり、親頼りだったことを思い知らされたというほうが、本当のところでした。

当時、我々、新入省者は各局で「見習い」です。仕事といえば、文書の清書、決済文書を持ち回って、「廊下とんび」と言われる雑用です。コピーやワープロすらなかった時代。大量の文書は、いわゆるガリ版の謄写版で、大変な苦労でした。下積みの仕事の上に財政金融政策があることを教えておくということだったと思います。

新入省者の配属される部署には、必ず国家公務員上級職で見習い中の1年、２年先輩がいます。２年先輩は7月の異動で地方に転勤するのですが、それまでは昼食を含めて全て面倒をみてくれました。２年先輩がいなくなると、1年先輩が面倒をみます。翌年、後輩が入ってくると、今度は自分たちが世話をする。仕事のやり方、人への接し方から麻雀などの遊び方まで。最初に配属された部署の結びつきは強く、同窓会のようなものまでありました。暮らしが豊かになり、いろいろな生き方が可能になるにつれ、最近では組織に帰属させられるやり方は敬遠されるので、だんだんとこのようなことはなくなっていったようです。

1960年1月、岸信介首相はワシントンで新日米安全保障条約に署名した。旧条約では米軍の日本駐留を認めていたが、米国が日本を守る義務はなく、新条約は米国の日本防衛義務を明記したものだった。東西冷戦の中、中ソは安保改定阻止に向けて揺さぶりをかけ、日本国内では「安保反対」闘争が盛り上がりを見せる。

デモ隊が国会議事堂を取り囲み、騒然としていました。私が首相官邸まで書類を届けに行った時のこと、通常なら霞が関の大蔵省から徒歩10分ですが、なかなか進めず、1時間以上かかりました。後から、樺《かんば》美智子《みちこ》さんが亡くなったことを知り、驚いた記憶は鮮明です。

60年6月15日、デモ隊は国会構内に突入した。警官、デモ隊合わせて1千人以上が重軽傷を負う混乱の中、東大生樺美智子が死亡した。新条約承認を見届け、岸首相は退陣した。7月、就任した池田勇人首相は経済中心に路線を転換する。

日米安保体制が今日の日本の繁栄につながったことは歴史が証明しています。政権と引き換えに、米国に日本防衛義務を飲ませる安保改定を実現した岸さんの功績だと思います。

本省での「見習い」期間を終え、近畿財務局、東京国税局で1年ずつ、本省からの通達などが現場でどう処理されているかを学びます。その後、2年間本省に戻り、7年目に税務署長として地方に赴任するのが当時の通常のコースでしたが、国税局勤務後、私はこのコースを外れ、在英大使館勤務の内示を受けました。63年11月23日朝、語学学習のために聞いていた米軍極東放送網「ＦＥＮ」（現・ＡＦＮ）で、ケネディ米大統領暗殺（現地時間22日）を聞き、驚いたものです。

結婚　4年間の英国赴任

英国赴任で4年は帰国できないからと、結婚を勧められ、高橋佑子と結婚しました。佑子の母は京都府立第一高等女学校で私の母の後輩、顔見知りでした。双方、貧しくはないが、つつましく暮らす家風だったのが幸いしたのか、60年近く助け合って暮らしています。

その当時は気にもかけなかったのですが、妻は随分心細く大変だったと思います。半年ほどの付き合いで結婚し、親や家族らと離れ、知人もいない「異国」で初めての家庭を作るのですから。そういう暮らしの苦労をしながら、夫婦でやらねばならない外交上の仕事もこなし、2人の子どもを異国で産み育てたので、鍛えられたのでしょう。後々、何事があっても物おじしなくなったのだと思います。私たち夫婦にとっては、貴重な4年間の英国の暮らしでした。

結婚翌月の1965年12月、在英大使館三等書記官として赴任しました。12月の着任でしたので、東京よりはるかに北の緯度にあるロンドンの冬の寒さは厳しいと感じました。特に、「霧のロンドン」と言われる通り、濃い霧に覆われることの多い暗い毎日でした。まだ多くの家には石炭を使用する暖炉やストーブがあった頃で、家々の煙突からは黒い煙が立ち上っていました。この煙が原因でスモッグが発生し、健康被害につながったので、大気汚染防止のための法規制が強められ、石炭から天然ガスなどへの燃料転換が進められました。

春になると、風景は一変します。桜やアンズの花が咲き、街路樹は緑を濃くします。私たちのフラット（アパート）の庭や周りの木々には、リスや小鳥が姿を現しました。

最初のカルチャーショックは、日本と違う豊かな住環境や公共インフラでした。当時、私たちが英国に持っていた先入観は、国民は豊かさを当然視し、勤労意欲の低下や公的依存のために生産性が低下し、国際競争力の弱い老大国というものでした。確かにそれは否定できないのですが、過去からの公私の蓄積の膨大さは、高度成長を誇る日本が何年かければ追いつけるのかと思ったものでした。今の日本を当時の英国に置き換えれば、当時の日本は現在の中国でしょうか。毎年の経済成長率は上々でも、都市と地方の格差、ハード・ソフトの公共インフラなど、国家としての内部留保はまだまでした。今になって改めて日本は経済成長の果実を使って達成したハード・ソフトの国家として内部留保を減価させないように、勤勉さや公共のために働く精神を維持していく大切さを痛感します。

妻と助け合って過ごした異国での新婚生活で長女と長男、2人の子どもに恵まれました。長女は、家庭内では日本語、外に出ると英語ですから、言葉を覚える幼児期にかわいそうなことをしたと思います。幼児のための公立教育施設ナーサリースクールに通い、最初に覚えた言葉は「マイン（私のもの）」と「ノー」。日本なら「ママ」などでしょうか。調和・協調の日本と、権利と自己主張の欧米との文化の違いを実感しました。

自助の大切さを英国で学ぶ

高度経済成長下の日本は、「先進国クラブ」と呼ばれる経済協力開発機構（ＯＥＣＤ）に加盟し、経済大国として国際社会に踏み出します。

１９６４年４月、日本はＯＥＣＤ加盟を果たし、為替制限を撤廃した国際通貨基金（Ｉ

ＭＦ）８条国に移行しました。ＩＭＦは自由貿易を推進するため、ＩＭＦ協定８条で加盟国に為替取引の規制・制限の撤廃を求めています。一方で発展途上国などには経過的措置として為替制限を認めており、終戦後、外貨不足が深刻だった日本は、52年にＩＭＦに加盟した後も、為替制限を続けていました。64年10月、東京オリンピックが開催され、戦後復興を世界に示しました。

在英大使館財務班は大蔵省出身の公使以下、一等書記官と私の３人。当時１英ポンド１００８円の固定レートで持っていた外貨準備をいかに守るかが、一番の仕事でした。英国経済を注視し、政府や金融界の人たちと対話することで情報を得る。為替市場でポンドが安くなる恐れがあれば、ひそかに大蔵省に連絡し、極秘で対応を協議する。当時、私たちは大蔵省の暗号で連絡を取り合っていたのですが、秘密情報組織の発達した英国には情報を全て把握されていたのではないかと思います。

英財務省で私のカウンターパートはロビン・バトラーさん。後に財務次官や事務の官房副長官などを務めましたが、今も親しく付き合っています。政と官のバランスに厳格で、人事への政治介入などを許さない英国の官僚制について教わりました。

英中央銀行総裁だった「クローマー卿」のことも教訓として記憶に残っています。世襲貴族の「クローマー伯爵」は資産家です。昼間の公務中は運転手付き「ロールス・ロイス」の後部座席に座り、威厳のある人物という印象でした。ある土曜日の午後、大使公邸で行われた「生け花の会」に参加していた令嬢を迎えに来たクローマー卿は、自ら小型車「オースティン・ミニ」を運転していました。私が応対し、会が終わるまで、「邸内でお休みになっては」と勧めたのですが、「プライベートだから」と遠慮して動かない。本当のエリートは公私を峻別《しゅんべつ》し、豊かさの中でつつましく暮らすものなのだと学びました。

当時の日本は高度経済成長の波に乗り始めた頃で、設備投資のための公私の資金需要は強く、借入れや起債を仲介する我々に対し、ロンドン・シティの金融機関の扱いは丁重でした。

67年、英エコノミスト誌が「The Risen Sun」と特集したように、当時の日本は「昇る太陽」ともてはやされていました。しかし、うぬぼれず、自助の気持ちを持ち続けなければ、この成長を長く続けることはできない。「七つの海に日の没することのない」と言われた英国が豊かさの中で自助の気概を失い、「英国病」と言われた経済の現状を反面教師にしなければと思ったものです。

1968年、日本の名目GNP（国民総生産）は西ドイツを上回り、米国に次ぐ世界第2位になりました。

ちょうど、ホンダがバイク用の360ccのエンジンを搭載したN360という軽自動車を英国に輸出しようと試みていた時でした。排気量がまったく違うのに、「英国の名車ミニの強敵」などと、英夕刊紙に書かれていました。このN360に乗っていた妻は、物珍しいのか、見知らぬ人からよく話しかけられたそうです。

英国から帰国　公害問題に取り組む

1969年7月、4年近くの駐在を終え、妻と英国で生まれた長女、長男の家族4人で帰国しました。帰国時に長女は2歳、長男は1歳でした。日本語も英語もほとんど話せない状態で、環境のまったく違う日本に戻ったのですから、子どもたちは適応するのに大変だったろうと思います。幸い、妻の両親と妹2人が東京在住だったので、子どもを預かってくれるなど、随分と助けてもらいました。

子どもの適応力には驚かされたものです。東京・新大久保にあった公務員宿舎に入ったのですが、近くの幼稚園やご近所の子どもたちとすぐ仲良くなり、片言の日本語で遊びに夢中になっていたようでした。英国にいた頃は英国人の子どものような顔だったのが、ご飯を食べ、みそ汁を飲む日本に戻って、心なしか、すっかり日本人の顔になったように見えたのには驚きました。

新大久保の公務員宿舎は、いわゆる公団住宅、それも初期の典型で、２ＤＫ・風呂・トイレですが、各部屋の広さが全て六畳で、住居全体の広さが英国で住んでいたフラット（アパート）の一部屋分しかなく、彼我の住環境の差にがくぜんとしたものです。生産に資金を投入し、ともかくパイを増やすことに、政府も経営者も全力を挙げていた時代でした。その社会風潮の中で成長路線を突き進んでいたので、分配は後回し。衣と食はある程度回復していたものの、住はまだまだでした。

そのような当時の日本で、高度経済成長のひずみが明らかになってきました。公害問題が社会問題化したのです。

「水俣病」「新潟水俣病」「イタイイタイ病」「四日市ぜんそく」は四大公害病と呼ばれました。67年6月、新潟水俣病から始まり、被害者は次々と提訴します。司法は企業の責任を断罪し、成長最優先は軌道修正されていきます。

公害問題は、経済至上主義、企業のなりふり構わぬ営利主義と政治、行政の無策もあって、工場排水、煤煙《ばいえん》などへの対策が軽視されてきたことによるものでした。公的規制を求める声が強まり、政治もこのような物質的豊かさ以外の経済外的価値を求める声を少しずつ意識するようになる時代の始まりだったと言えるでしょうか。

69年7月、私は定期異動で主計局総務課に課長補佐として配属されました。総務課で公害問題への取り組みもテーマの一つになりました。まだ環境省の前身である環境庁もできていない時代ですから、予算の担当者もいなかった。当時の大蔵大臣・福田赳夫さんへの局長の説明に、同行した時のことを覚えています。福田さんから「伊吹くんも何か意見があるかね」と考えを聞かれました。「大臣お言葉ですが」と答え、企業が公害対策に設備投資し、コストは原価に計上して、消費者が商品代金で負担するのが筋で、社会全体で住み良い環境保全の費用を負担すべきだという考えを述べました。福田さんは財政措置を考えていたようで、「ホウ、伊吹くんの説明は難しくてよくわからんなあ」と笑われました。局長から「『大臣お言葉ですが』は良かったね」と後でたしなめられましたが、大臣が私のような若手にも意見を言わせる。当時の政治家と官僚、政と官の関係にはおおらかさがあったように思います。

当時の日本では公的部門に資金が潤沢で、民間や地方では資金が不足していたので、資金配分権限を握っていた各省の力は、現在よりはるかに強かった。また公務員も、「日本のために」という意識が、今よりあったように思います。大蔵省では、「先生のようなご意見があるので、国家財政の規律が揺らぎます」と国会で答弁し、注意を受けた先輩の話が、美談のように語られたりしたものです。与党の国会議員には一緒に仕事をする同志のような暗黙の雰囲気がありました。親しい仲にも礼儀はありましたが、忖度《そんたく》して偉くなりたいという公務員はあまりいなかったし、それで偉くなっても陰では軽蔑されていましたね。

また、野党の政治家も官僚の話をよく聞き、夜はおでん屋のようなところで一献傾けながら、率直な話をしたものです。今はよくある、呼び出して人民裁判みたいなつるし上げに遭うことはありませんでした。

当時も国会質問がなかなか出てこないのは、今と同じ。日が変わるまで家に帰れないこともあり、帰宅はいつも深夜。子どもたちはもう寝ていて、朝、幼稚園に行った後、こちらが起きて、出勤する毎日。時々、出勤時に顔を合わせると、「パパ、また来てね」。さすがに妻に嫌な顔をされました。「働き方改革」で、今では改善されたようですが、あの時代はそれで、誰も文句は言わなかったのです。

通貨問題　愛知大蔵大臣の使命感

主計局では防衛予算担当主査を務めました。第4次防衛力整備計画（72〜76年）が批判されて閣議決定が遅れ、計画決定前に予算要求されたことに対し、野党から「文民統制違反」と追及されて国会が紛糾しました。当時は佐藤栄作首相の政権末期で、後継を巡る思惑にからんで、自民党内でいろいろな動きもあったようです。連日、国会答弁の準備に追われていましたが、その一方で、私は、予算は直接使う人が最も必要としているところにと考え、当時の防衛庁内局の背広組だけでなく、自衛隊の制服組の話を聞いたり、基地の視察に行ったりしていました。

1971年8月、ニクソン米大統領は金とドルの交換停止を宣言しました。「ドル・ショック」と言われ、第2次世界大戦後の金・ドル本位制「ブレトンウッズ体制」は終わりを迎えました。

1ドル360円の固定相場制は崩れ、12月、ワシントン・スミソニアン博物館での5か国蔵相会議、「スミソニアン合意」で1ドル308円になりますが、それでもドル安は止まらない。その後、変動相場制に移行、激動の時代になります。

1972年5月の沖縄返還を花道に、佐藤栄作内閣は退場し、7月、田中角栄内閣が発足します。列島改造ブームの中、経済成長はまだ続いていました。

終戦後の日本は生産設備が破壊され、敗戦で国民は呆然《ぼうぜん》自失でした。占領期の49年、GHQが実施した財政金融引き締め策「ドッジ・ライン」によって、1ドル360円の為替固定レートが決められ、長く続いていました。当時の国民が、より良い暮らしを求め、必

防衛予算担当の主査時代、自衛隊基地を視察する伊吹さん（中央）

死に、勤勉に働いた結果、日本の労働生産性は上昇し、設備投資への意欲とあいまって、1ドル360円の為替レートでは、日本製品は質的にも割安になりました。貿易収支の黒字が続き、輸出が経済成長をリードしていました。いずれ、米国も追い抜くといった論調さえ、大手を振ってまかり通っていました。

7年8か月の佐藤栄作内閣の後、日本の政治は自民党の三木武夫、田中角栄、大平正芳、福田赳夫、中曽根康弘の「三角大福中」による派閥抗争時代を迎える。総理・総裁の一番手となった田中首相は、1972年9月、日中国交正常化を果たした。

私は国際金融局で通貨問題に携わります。当時の国際経済は、戦後に決まった固定為替相場では、米英仏は日本や西独（当時）の競争力に太刀打ちできなくなっていました。

唯一とも言える国際通貨国として、第2次大戦後の世界経済を支えてきた米国は、国際収支の赤字が続いた結果、ドルを金に兌換《だかん》する動きに耐えられず、ドルの金兌換制を停止し、国際経済、為替市場はパニックになりました。その状況を立て直すべく、71年12月、当時の先進5か国（G5）日米英独仏が協力し、新たな固定レートとして決定したのがスミソニアン合意で、1ドル＝360円から308円になりました。戦後の日本人の努力で、日本の価値は2割近く上がったのです。

それでも、日本や西独の国際収支黒字、米国の赤字が続き、スミソニアン合意の交換レートは行き詰まります。東京外国為替市場が一時閉鎖される国際的な通貨危機。73年2月、日本は変動相場制に移行しました。翌月には欧州各国もこれに続き、スミソニアン体制は崩壊しました。当時の大蔵大臣は愛知揆一さん。通貨問題協議のため、米国や欧州などを蔵相会合に飛び回り、私も忙しい毎日でした。激務の中で迎えた11月、フランスでの蔵相会合直前に愛知さんは体調を崩し、急死されました。前日までお元気で仕事をされ、海外出張に備えられていたので、激務による疲労が蓄積されていたのか、職務に殉じた戦死とも言えます。使命感を持って国家のために働く政治家の厳しい生き方を教えられました。入院先の慶應病院に駆けつけた田中首相が涙を流していたとの報道に、私も目頭が熱くなったのを覚えています。

1973年10月、第4次中東戦争が始まり、アラブ諸国の原油生産削減、価格高騰で日本経済は「石油ショック」に見舞われる。74年の実質GDP成長率はマイナス1・2％で、戦後初のマイナス成長を記録した。トイレットペーパー・パニック、「狂乱物価」で国民生活も大混乱する。

「石油ショック」により、高度経済成長を続けていた日本の経済もマイナス成長となり、減速です。ただ、世界的不況の中では、日本経済の回復力はなお強く、為替相場のトレンドは円買いドル売りの圧力が強かったのです。73年2月から現在まで続く変動相場制になって、為替相場は1ドル90円台になり、終戦時の1ドル360円から4倍の円高になった時もありました。現在は140円台まで下がり、日本の評価が逆に下がってきたのは、当時を思うと残念です。現在の暮らしを当たり前と思わず、日本国民がそれぞれの生き方について考えてみないと、日本の評価はさらに下がり、円安がさらに進むのではと思ってしまうのは、私が貧しかった時代を生きていたからでしょうか。

宮内庁主計課長として

１９７４年12月、参議院選敗北、金脈問題追及による田中首相退陣で、自民党は椎名悦三郎副総裁の裁定により後継を決め、三木内閣が発足した。76年7月、田中前首相はロッキード事件で逮捕される。自民党内で「三木おろし」が強まり、同年12月、福田内閣が発足する。

１９７７年８月、公務員として最初の課長・管理職になり、宮内庁主計課長に異動しました。宮内庁の公的予算以外に、天皇ご一家、各宮家の家計簿にあたる内廷費を拝見して、皇族方の質素でつつましい私生活に驚いたものです。東宮御所コートで当時の皇太子殿下（現在の上皇陛下）とテニスをご一緒させて頂いたことは大切な思い出です。殿下は「テニスはシングルスですよ」とおっしゃり、ストロークで堅実にボールを打ち返すプレーが印象に残っています。

2年後、大蔵省に戻り、新設される財政金融研究室の初代室長を命じられました。現在の財務総合政策研究所につながるのですが、がらんとした部屋に机と椅子だけで驚きました。この組織は主計局と官房のどちらに置くかで議論があったそうです。机や椅子もさることながら、人集め、組織作り、経費の確保を一緒にしてくれる直属の上司がいないのには困りました。初めてのことなので、メディアからは注目され、「目先の政策に役立つ、基礎的、長期的な税財政、金融の提言を」という指示を受けましたが、いささか不条理だと思ったものです。

翌年、理財局国庫課長に異動しました。当時、1万円、5千円、千円紙幣を自動販売機などに適合するように改刷する検討が始まっていました。ここで後に政界に転身するきっかけとなる渡辺美智雄先生との出会いがありました。

渡辺美智雄先生からの誘いで政界へ

1978年12月、大平正芳内閣が発足する。田中元首相と福田前首相の対立を軸とした自民党の権力闘争は激化し、79年の「40日抗争」で、国会の首相指名選挙に大平、福田の2人が立つ異常事態となった。自民党は党分裂一歩手前に追い込まれる。80年5月、反主流派の造反で大平内閣不信任決議が可決し、衆議院は解散された。「ハプニング解散」で史上初の衆参同日選となった選挙戦中、大平首相は急死する。自民党は「弔い合戦」を大勝し、7月、鈴木善幸内閣が発足した。

大平さんは私の勤めていた大蔵省の大先輩で、池田勇人大蔵大臣の秘書官を永く務められて政界に転じられた方です。高度成長がやがて終わるとの先見性を持って、田中さんの列島改造論というコンクリートによる地方発展ビジョンではなく、経済・文化・教育などを担う地方中核都市と周りの農業・漁業が一体となった田園都市構想を発表されていました。大平内閣がもう少し続いたら、バブル経済崩壊、失われた30年が少しは軽症で済んだのではと私は考えています。

鈴木内閣では渡辺美智雄先生が大蔵大臣になりました。この大臣の下で新紙幣の改刷の準備に入ることになります。先入観でしたが、おしゃべりであけっぴろげという印象がありました。改刷は国民生活に影響が大きいので準備が整わないうちに情報が漏れれば大変なことになる。大臣に諮って大丈夫かという不安がありました。ところが渡辺大臣は筋を通すお人柄で、秘密を守り、鈴木首相にも発表直前まで伝えなかった。感服しました。

政界に限らず、どこの世界でも、いろいろなタイプ、人柄の人が活躍しておられますが、メディアの伝える人柄・人物像についつい引きずられがちです。豪放磊落《ごうほうらいらく》とか、寝業師などと言われている方が、実は緻密《ちみつ》で、案外、神経質な一面もあるなどということは、深く接するとよくあります。渡辺先生もそうですが、細かく気を使い、困っている時にこそ、相手の気持ちを忖度すべきことを後々に何度も教えてもらいました。私が大切にしてきた渡辺先生の教えの一つが、「結婚披露宴は祝電で済ませても、お葬式は一度限り、必ず顔を出さねばならない」でした。

1981年7月、改刷を発表しました。1万円の肖像は聖徳太子から福沢諭吉、5千円は聖徳太子から新渡戸稲造、千円は伊藤博文から夏目漱石に変更されました。その後、5千円は樋口一葉、千円は野口英世になりました。2024年度から、1万円は渋沢栄一、5千円は津田梅子、千円は北里柴三郎になることが決まっています。

この頃、私の地元京都の経済界を中心に、共産党主導の革新府政で弱くなった地元経済界と政権中央との連携を立て直し、京都を再生しなければという危機感が強くありました。

少し前の78年、蜷川知事が引退し、自民党の林田悠紀夫参議院議員が擁立されて、「非共産」の知事が誕生していました。「さあ、これから」との機運が盛り上がっていたこともあったと思います。ちょうどその頃、京都の人たちが中央とのパイプ役として頼りにしていた前尾繁三郎先生が急死されたという事情もあったようです。京都の開発、経済に助力できる新たな国会議員を出そうとして、国家財政を預かる大蔵省にいた私に声がかかるようになりました。

私の家族、縁者には政治関係、政治家はいません。妻の祖父・高橋龍太郎は参議院議員で、吉田内閣の通産相でしたが、元々は日本商工会議所会頭、大日本麦酒社長を務めた経済人で、すでに亡くなっていました。政界関係者で相談する人は誰もいません。妻は「政治家になるなど、結婚の時に話はなかった」と難色を示す。当選できるかどうかもわからない政治家に転身するか、公務員を続けるか、決めるに決められず、落ち着かない、不安な精神状態でした。あの時の気持ちは、今、思い出しても、人生の分岐点とはあのようなものかと思います。

休日に京都に戻り、友人や知人に相談してみましたが、もやもやした気分でした。まだ衆議院は中選挙区制の時代ですから、同じ選挙区の中で自民党同士の争いになる。現職の先生方は新人の参入に難色を示していました。大蔵省で人事担当の秘書課長から、「京都の自民党の先生から伊吹を選挙に出すなと言ってきているが」と伝えられました。人事担当者からそう否定的なことを言われるのなら、このまま公務員を続けても芽が出ないかと若気の至りでかえって踏ん切りがつきました。

自民党の田中派からも話がありましたが、渡辺大臣からお誘いを受け、ご指導して頂くことに決めました。渡辺大臣は私を連れて、田中角栄さんや竹下登さんに「伊吹を預かる」と仁義を切りに行かれました。私の出馬予定の衆議院京都1区には、法務大臣を務められ、田中金権政治批判の急先鋒《せんぽう》だった田中伊三次《いさじ》衆議院議員がおられたので、メディアなどでは、私は田中派からの刺客と面白おかしく書き立てられました。私が大蔵省を退職する時の大臣が竹下先生で、議員に当選後は何かと心配りを頂きましたが、選挙準備は、渡辺先生以外、どの派閥にもお世話になりませんでした。

82年7月、大蔵大臣秘書官の発令を受け、渡辺大臣から辞令を頂きました。衆議院選へ

大蔵大臣秘書官の辞令を受ける伊吹さん（右）。
左は渡辺蔵相

の出馬を前提としたもので、退路は断たれました。家族のこと、今後のことを考えると心細い気持ちはありましたが、未知の世界に踏み出すことになります。

第3章　政界へ

衆議院選初出馬　組織作りに奔走

1982年11月、鈴木善幸内閣は退陣し、中曽根康弘内閣が発足しました。渡辺大蔵大臣も交代します。

第1次中曽根内閣は内閣の要である官房長官に田中派の後藤田正晴氏を据えるなど、田中派から閣僚6人を起用した。自民党役員でも田中派の二階堂進幹事長を留任させた。ロッキード事件後も膨張を続け、「田中軍団」と言われた最大派閥の支援で党総裁選を圧勝したからで、「田中支配」と言われた。その後、中曽根首相は「脱田中」を図りながら、長期政権を築いていく。

12月、私は22年間勤めた大蔵省を退官しました。衆議院選に出馬する準備に入り、地元の京都に戻りました。

世襲や誰かの後継でもない私には、後援会もなければ、事務所もなく、スタッフもいない。同志と言える地方議員も最初は皆無でした。中選挙区制時代、京都の衆議院選挙区は京都市を中心とする1区、京都市の一部と府下中心の2区に分かれていました。私が出馬する1区は定数5議席には自民、民社、公明、共産の現職と、田中金権政治批判で自民を離党した無所属の大ベテラン田中伊三次先生がいて、割って入ろうという新人への風当たりは厳しく、精神的につらいものでした。

あの時の心境は、未開の荒野を独りで開拓する人とはこんな気持ちなのかと思ったものです。長女と長男は東京で中学校に通っていたので、妻と共に東京に残っていました。私は両親が健在だった実家に居候して、パンフレットなどの広報資料の企画、小さいながらも拠点となる事務所探しとスタッフの人選、支援組織作り、必要な最小限の資金集めなどを自分自身でいろいろと考えました。今から思うと素人考えで、よくあんな幼稚なことを考えていたなと思うのですが、当時は大真面目に苦悩の毎日でした。両親が心配し、知人の人たちを紹介してくれ、弟が同級生たちを引き合わせて、励ましてくれました。苦しい時ほど、やはり親や弟妹のありがたさが身に染みました。

私を京都に呼び戻すのに熱心だった京都経済同友会代表幹事であった京都信用金庫の榊田喜四夫《きしお》理事長に最初から親身にお世話して頂きました。早逝されましたが、榊田さんを中心に、後に私の後援会連合会長を務めて頂く堀場製作所創業者の堀場雅夫さん、京都商工会議所会頭だったワコール創業者の塚本幸一さんらで、私の応援団ができました。ところが皆さん、京都の将来展望を熱心に語り、精神的にも何かと励まして頂きましたが、経済人ですから、選挙のことは門外漢です。現場で暑い夏、雪の降る冬にも一軒一軒訪ねて票を掘り起こす汗と涙の集票活動には、また別の努力が必要なのだと身に染みました。

組織作り、後援会作りは自分で一から始めないといけない。総選挙までの約1年間、苦闘が続きます。最初は私や弟の小中高の同窓生、家業の繊維問屋「伊吹株式会社」の若手社員の方々が立ち上がってくれました。土曜、日曜に20人ほど、二人一組でポスターを30枚貼付することを目標に朝から歩く。断られる方も多いので、一日150軒は戸別訪問してくれたと思います。夕方、戻った人たちから、ポスターの貼付先や応援してくれるという方々の氏名や住所の報告を受け、狭い事務所でスタッフ2人と名簿に整理して、礼状を出し、新しい方のご紹介をお願いし、そこから新しいほうへと広げていきました。家業の縁で室町、西陣の繊維業界、染色業界の方々も助けてくれるようになりました。

少しずつですが、地域の行政区ごとに組織ができてきました。まだ当時は業界に対する規制が主流の時代でしたので、大蔵省が所管していた酒類販売、たばこ小売店、生命保険や損害保険の方々、税理士の先生方、さらに米の卸や小売業界の団体にも応援して頂けるようになりました。この時は公務員をしていて得をしたとつくづく思ったものです。

街角にポスターが目立つようになり、各種の会合を重ねていくと、何となく勢いのようなものが出てきます。勢いが出てくる雰囲気がまた人を呼ぶと、つくづく感じたものです。

現職優先なので、自民党内では新人への風当たりは強く、公認に消極的だった当時の自民党京都府支部連合会の中でも、衆議院京都1区は定数5人なので、もう1人新人を公認しても良いのではないかとの雰囲気がようやく出てきました。未開の原野が少しずつ開拓できるまで約1年間、毎日帰宅はいつも深夜でした。

ちなみに現在の衆議院は小選挙区制なので、自民党の公認は当然1名で、配給制のようなものです。公認を受ければ自民党支持者の票はもちろん、推薦政党や団体の票も自分に入ると思いがちですが、人の心はそんなものではない。中選挙区制時代の激しい後援会選挙のせめぎ合いを経験したものからみると、競争なき配給統制の小選挙区制の下で、自民党の党勢が毎年落ちていくように思えてなりません。

1983年10月、ロッキード事件で東京地裁は田中角栄元首相に懲役4年、追徴金5億円の実刑判決を下した。国会は田中元首相の議員辞職を巡って空転する。中曽根首相は辞職を促したが、田中元首相は拒否し、「みそぎ」の機会として衆議院解散を求めた。11月28日、衆議院は解散され、「田中判決解散」と呼ばれた衆議院選に突入する。

私は自民党公認、渡辺先生系ですが、無派閥の新人として総選挙に臨みました。田中伊三次先生が引退され、その支援者の方々も私を応援してくれました。苦しかった選挙準備ですが、一番苦しかった時に助けてくれた方々、励まして頂いた人たちのことは今でも忘れられません。節目節目のごあいさつや故人になられた方のお参りなどは今も続けています。

トップ当選　無派閥貫く

1983年12月3日、私が初めて挑戦する衆議院選が公示されました。金権批判もあり自民党にとって厳しい選挙でした。倫理を重んじ、クリーン政治を訴えました。渡辺美智雄先生のほか、大蔵省時代の上司だった鳩山威一郎さんにも応援に来て頂きました。苦しかった1年間、選挙準備に苦労して頂いた後援会、支持者の皆さんのご努力のおかげで、5万8059票、衆議院京都1区でトップ当選することができました。

1983年12月の衆院選で初当選し、万歳する伊吹さん
（左から2人目、左は妻の佑子さん）

ロッキード事件の田中角栄元首相実刑判決を受け、12月18日の衆議院選は政治倫理が争点になって、自民党は過半数割れの惨敗を喫した。新自由クラブと連立を組み、田川誠一代表が自治相で入閣して、第2次中曽根内閣が発足した。中曽根首相は党総裁声明で「田中氏の政治的影響を一切排除する」と発表し、「脱田中」に向けて動き出した。

渡辺先生の教えを思い出します。「一番迷惑をかけた者が選挙に勝つ。迷惑をかけた人たちへの感謝、報告、連絡、相談を怠けたやつが次は落ちる」。早速、お礼のあいさつ回りや電話、祝電の整理と返信など、3人のスタッフとてんてこ舞いになり、うれしい中で創業の苦労を改めて実感しました。

中曽根首相は党内基盤強化のため、中曽根派を離れていた渡辺先生と子飼いの議員の復帰を考え、渡辺先生も戻る決心をされました。私にも一緒に行動してくれないかとの誘いがありました。当選ホヤホヤの新米でしたが、私は中曽根派にお世話になったことはありません。渡辺先生は総理総裁への野心を隠さず、いろいろな思惑を持って中曽根派を離れておられたので、派内の中堅以上の大部分とは反目し合う存在でした。今後、若手を中心に中曽根派の継承を目指すには、派中派的な行動をしなければならない。その勝算はあるのか。子飼いの議員と一緒に飲み込まれてしまうのではないかとも思いました。派中派ではないところで、渡辺先生の力のよりどころを守っていくのが、私の恩返しかと考えました。「私は無派閥渡辺系で選挙を戦ったので、すぐにご一緒はできないと思います」と申し上げると、渡辺先生は「それは君の自由だから」と応じられて、それ以上は何も言われませんでした。

メディアには、「伊吹氏は選挙区の事情で中曽根派には合流しない」と報じられました。結局、私は渡辺先生の主宰する派閥横断政策集団「温知会」の事務局長を務めることになりました。渡辺系新人の発掘、応援、資金集めなど、新人議員には大変なことでしたが、後々のために良い勉強・経験になりました。

１９８４年10月、中曽根首相は自民党総裁に再選された。幹事長に就任した田中派の金丸信氏は盟友の竹下登蔵相を担ぎ出し、事実上の竹下派旗揚げに動いた。田中元首相は切り崩しを図るが、85年2月7日、竹下派の源流になる「創政会」設立に田中派の40人が参加した。27日、田中元首相は脳梗塞《こうそく》で倒れ、表舞台から姿を消した。「田中支配」は終わった。

私は、当選直後から党の税制調査会に参加し、国会では社会保障や福祉を扱う衆議院厚生委員会に所属しました。そのきっかけは厚生省で、基礎年金を基本とする年金改革を推進した山口新一郎年金局長、医療保険改革で「改革の鬼」と呼ばれた吉村仁保険局長に感銘を受けたからです。

お二人とも長寿社会を予見して、将来、巨額の給付財源が必要になる年金と医療保険制度を安定的に機能させる改革に取り組んでおられたのです。国民年金を全国民共通の基礎年金として、国庫負担率は受給額の3分の1とする。そのうえに二階建てとして、雇用主と本人がおのおの保険料を分担する厚生年金という現在の制度への改革。医療保険に初めて窓口での自己負担を導入することにより、医療にかかることにコスト意識をもってもらう。これらは当然、痛みを伴うので、世論や自民党内でも反対の声が強かった。今では当たり前のこれらの改革がなければ、皆年金、皆保険制度は崩壊していたのではと思うと、その先見性に敬服します。

厚生族の若手リーダーだった橋本龍太郎さんに誘われて、この作業のお手伝いをしました。お二人ともがんと闘いながら、反対する政治家、特に野党やメディアを相手に頑張っておられました。山口さんは関連法案の国会提出を見届け年金局長のまま、吉村さんは法案を成立させ次官退任後すぐ、亡くなりました。反対の中でも大局的判断を貫く姿に吏道を学ばせてもらいました。

当時の公務員にはこのような気概があり、与党内にも、時には野党にも、それを支えてあげるという雰囲気がありました。自己保身や栄達のために政治に忖度したり、政策上の立場の違いだけで登用されなかったりということは、あまりなかったと思います。そのような事例があると、むしろ政官双方からの評価は厳しかった。

自民党税制調査会をホームグラウンドに

鈴木善幸内閣で第２次臨時行政調査会（臨調）が設置され、行政管理庁長官だった中曽根先生は、土光敏夫経団連前会長（当時）を会長に担ぎ出しました。土光氏は行革のシンボルとなり、１９８２年7月、臨調第３次答申で、三公社民営化を打ち出します。鈴木内閣退陣で、三公社改革は中曽根内閣に引き継がれ、85年４月に日本電信電話株式会社（ＮＴＴ）と日本たばこ産業株式会社（ＪＴ）が発足します。

中曽根内閣は国鉄、電電、専売の三公社民営化に取り組みました。中でも労働争議が頻発し、巨額の赤字を抱えて破産状態にあった国鉄の「分割・民営化」が最後まで残り、困難を極めました。

国鉄自身やその労働組合はもちろん、自民党内の運輸族からも激しい抵抗がありました。中曽根首相は85年６月、分割・民営化に反対する国鉄の総裁ら首脳陣７人を更迭し、86年の衆参同日選を経て、国鉄改革を成し遂げます。

１９８６年６月２日、中曽根首相は衆議院を解散した。野党の反対で本会議は開かれず、議長応接室で解散詔書が読み上げられるという異例の解散で、「死んだふり解散」と呼ばれた。衆参同日選となり、７月６日、自民党は歴史的大勝を果たす。９月、自民党は党則を改正し、中曽根首相の総裁任期１年延長が決定された。11月、国鉄改革関連法が成立する、87年４月、旅客６社、貨物１社のＪＲグループが誕生した。

私は当選後から議員を引退するまで、自民党税制調査会に参加し、自らのホームグラウンドとしてきました。大蔵省時代は税制の企画立案を担当する主税局に在籍したことはありません。一方、現在もそうですが、自民党の政務調査会には、各分野の歳出を担当する部会はあっても、歳入歳出のバランスを考える予算編成の組織はありません。税制調査会は、単に税制を考える党組織ではなく、税制を通じて予算のあり方、国家の将来を考えるという役割を担っていました。その雰囲気と政治家になった原点が一致したので、税調に熱心に参加しました。

当時の税調はドンと言われた山中貞則先生を中心に、大蔵省で主税畑一筋の村山達雄先生や、戦後の地方税財政制度の生き字引の奥野誠亮《せいすけ》先生ら錚々《そうそう》たる先輩方がそろい、1、2年で交代する各省次官や局長では太刀打ちできない権威がありました。相手の言い分を聞いた上で論破する。その議論の中で、業界の個別利益と官僚の机上の理想が調和されつつ、日本の税制が創られ、財政規律が護られてきたように思います。

個別業界の利益代弁には厳しく、それが全体の利益に合致するかなどを巡って、大先輩が真剣に論じ合う姿に感心したものです。税調幹部の先輩方は、税調での発言が個別業界の代弁か、関係省庁の作文かを見極め、税調での人材登用を厳しく律しておられたようです。政調会長の下の一調査会でありながら、政調会長はおろか党総裁でさえ、その運営への介入を遠慮するほどの権威がありました。私は議長就任後は税調を離れましたが、最近の税調は、各分野のいわゆる族議員の有力者が幹部に名を連ね、雰囲気が少し変わってしまったように思います。私は当時の税調で鍛えられ、税調幹事に指名されて、非公式幹部会合「インナー」の一員になってからは税制改正大綱の執筆も担当しました。長寿社会、少子高齢化社会を展望し、保険料・所得税のような所得比例の負担増を抑えねば、勤労意欲が低下し、経済成長の原動力である日本人の勤勉さは失われるとの考えを共有していました。当時はまだ親の介護まで公的保険になるとは思ってもいませんでしたが、皆年金、皆保険である限りは、皆で負担する税収を投入し、保険料を下げ、できれば所得税率を引き下げたい。そのためには消費税のような間接税導入の議論は避けようのないものでしたが、戦後まもなくの１９４９年のシャウプ税制以来の税制の抜本改革であり、大平内閣で一般消費税導入に失敗して以来の難しい課題でした。86年７月の同日選の圧勝で任期を１年延長された中曽根首相は、税制に通じた山中貞則さんを党税調会長に充て、税制改革に乗り出します。しかし、売上税を軸とした改革は、同日選前、中曽根首相が「国民や自民党員が反対するような大型間接税と称するものをやる考えはない」と発言していたことから、「公約違反」と猛反発されて挫折します。ともかく反対のうねりはすごかった。「新税は悪税」と言われますが、新たな税金は嫌だという国民感情に、「公約違反」という批判が拍車をかけ、批判を強める口実を与えてしまったことは否めません。私は消費税導入賛成の立場でしたが、堂々と説明し、仕切り直したほうが良いという主張でした。渡辺先生から「必要なものはやらなきゃならんのだ」と言われたものです。票のための逃げ口上はつけが重いという、将来への教訓を頂いたと思います。

1987年2月、税率5％の売上税を導入する法案が提出されたが、国会は野党側の反対で空転する。5月、売上税法案廃案が確定した。10月、中曽根首相の総裁任期が迫る中、自民党は後継総裁を中曽根氏の裁定で決めることを決定した。中曽根氏は竹下登幹事長を指名し、長期政権の有終の美を飾った。

中曽根首相は後継を自ら指名し、税制改革を次の竹下内閣に委ねました。最終的に消費税導入が決まるには、山中会長と、大平、中曽根内閣で大蔵大臣を長く務めた竹下首相の存在が大きかったと思います。

税制改革　三度目の挑戦

竹下登首相は就任直後から、大平内閣以来、三度目の挑戦となる税制改革に動きます。

1987年11月、内閣発足直後に政府税制調査会に税制の抜本改革を諮問、自民党税制調査会も議論を始めました。私も参加しましたが、山中貞則税調会長が徹底して議論を尽くしたことを覚えています。

88年6月、自民党税調は「税制の抜本改革大綱」を決定しました。所得・住民税の税率区分の簡素化や法人税率引き下げなどによる5兆6千億円の大型減税と、税率3%の消費税を89年4月から導入するという内容ですが、決定前、最後までもつれたのは税率でした。大蔵省は減税財源を賄えないとして5%を主張しましたが、山中会長は税率5%で失敗した「売上税の反省」を理由に拒否し、党税調の責任で3%を決定。「山中裁定」と言われます。売上税より仕組みを大幅に簡素化し、消費税増税分を上回る減税を実施することで不満を和らげ、新税導入を目指すものでした。

これで一応、党内手続きは落着したのですが、国民の私有財産権に対する侵害となる性質をもつ租税は、国民の総意の代表である国会が定めた法律によってのみ決定しうるという、いわゆる租税法定主義の原則がありますから、政府で消費税創設やそれに伴う減税措置などの法案を作成し、国会に提出、成立させなければなりません。野党はどう動くのか、難航の末の党内合意でしたので、自民党内から造反は出ないのかなど、消費税実現の可否は、政策判断、税調の議論から、政局対応、国会対策の段階へと移っていきます。

しかし、新税反対の世論は強く、自民党内も一枚岩ではありません。そこに事件が重なります。いわゆるリクルート事件です。あの時代はまだ、スキャンダルを扇情的に書き立てて読者を集める週刊誌より、主要活字メディアとしての新聞の力が強かったと思います。私の見方ですが、新聞各社の主張と対立する政策が議論される時には、なぜか与党のスキャンダル報道があり、国会は本来の政策課題ではなく、スキャンダル追及が注目される。76年、初めての防衛計画の大綱策定時のロッキード、ダグラス・グラマン事件、消費税創設時のリクルート事件、2006年の教育基本法改正時の事務所費問題などなど。不思議なことに思えるのですが、偶然の一致なのでしょうか。

リクルート事件のさなかに消費税導入決まる

1988年6月、未公開株を使った贈収賄事件「リクルート事件」が発覚。政官財界に拡大します。

「ニュービジネスの旗手」と言われていたリクルート創業者の江副浩正さんが関連会社の未公開株を政官財の有力者に譲渡し、その中の職務権限のあった人が贈収賄罪に問われました。秘書や家族などの周辺も含め、竹下首相、中曽根前首相、宮沢喜一蔵相、安倍晋太郎幹事長、渡辺政調会長らが譲渡先の名前に挙がり、政界は大揺れです。

　私もこの大揺れの中にいました。後に首相になる森喜朗さんや私は、江副さんから「いずれ公開するので安定株主として株を持ってもらえないか」との依頼で、株式公開から2年以上も前に自費で株を購入していました。公開後も、友人であった江副さんとの約束なので売却もせず、保有していました。それでもメディアからはリクルート議員の烙印《らくいん》を押されましたが、私は譲渡益を得たわけでもないので、何が問題なのか分からなく、世論とは時に理不尽なものだと思ったものです。

　7月、臨時国会が召集され、消費税関連法案が提出されますが、国会はリクルート事件追及一色になりました。さらに重大な事態が起こります。

9月19日夜、前年に手術を受け、その後回復していた昭和天皇が大量吐血し、重体に陥った。

陛下のご容体は政治日程に重大な影響を与え、もしものことがあれば、消費税関連法案審議の断念も考えられました。緊迫感が強まる中、国会は空転に次ぐ空転。リクルート問題で宮沢蔵相は辞任に追い込まれました。竹下首相が蔵相を兼務して審議を続け、延長に次ぐ延長で会期は異例の１６３日間。会期末ぎりぎりの12月24日、消費税関連６法は成立しました。

今では消費税率は10％になっており、国の税収の中では最も収入の多い税目になっています。法律により、その税収は全額社会保障費に充てられています。消費税創設から30年以上経過した今、年金・医療・介護の費用が年々増加していく現状を見ると、当時は理解されなかった政治決断の評価も、後世になって、その真価がわかるものだとしみじみ思う昨今です。

翌年、竹下首相は予算成立後に退陣し、山中会長は次の衆議院選で落選されました。現在の財政状況、社会保障費増大を考えると、お二人の政治的「犠牲」で消費税を導入したことを忘れてはならないと思います。

私にとっても難しい状況での参議院選でしたが、定数５の中選挙区制に救われ、４位で議席を守ることができました。その後、消費税率は、３％から５％、８％、10％と引き上げられていくのですが、竹下先生、山中先生を始め多くの先輩の志を大切にしながら、私は様々な局面で消費税に関わっていくことになります。

渡辺総理・総裁の実現を目指す

消費税関連法成立から間もなく、年が明けて、昭和天皇が崩御されました。

１９８９年１月７日午前６時33分、昭和天皇は崩御した。午後２時35分、小渕恵三官房長官の記者会見で、新元号「平成」が発表され、昭和は終わった。

戦中、戦後の混乱期、復興から経済大国という昭和の時代を生きてきて、陛下には宮内庁で2年間ご奉仕し、ご陪食を賜ったこともありました。皇室のお通夜にあたる殯宮祗候《ひんきゅうしこう》に参列し、「一つの時代の終わり」に感慨深いものがありました。

私は綿貫民輔元衆議院議長の後を受け、公益財団法人「昭和聖徳記念財団」の会長を務めています。この財団は平成3（1991）年に経済界の方々を中心に設立されました。東京・立川市の昭和記念公園にある昭和天皇記念館の運営などを担っています。戦前戦後60年余のご在位の間のご苦労をしのぶ資料を拝見すると、大日本帝国憲法下の立憲君主であられた20年と、戦後憲法下で人間宣言をされ象徴天皇であられた40年余りの歴史の激動を感じずにはいられません。

立憲君主という制約の中で、自らポツダム宣言受諾の聖断を下し、国民に終戦の宣言をされた玉音放送、敗戦の荒廃の中、全国各地に行幸され、国民に勇気を与え戦後復興の気運を引き出されたご努力は、日本が豊かになった時代に生まれた世代の人たちにも、大切な歴史として記憶して頂きたいと願っています。

この頃、日本は、１９８５年に、日米英独仏先進５か国（Ｇ５）がドル高是正に協調行動することで一致した「プラザ合意」後の円高不況を乗り越えます。しかし、輸出減少を補うために内需拡大を目指して行った財政出動と金融緩和による過剰な円供給の結果、土地価格は急騰、株価も跳ね上がり、「バブル」が発生します。生産活動に必要な資金需要を上回る円資金の供給は、非生産的なものに流れます。ゴルフ会員権、美術品、骨董品などの値段はうなぎ登りになります。それを担保に、また次の資産を買いあさり、差益を得る。この手法は資産価格の下落が始まり、担保割れが生じれば破綻するのですが、バブルの渦の中では、まだまだ大丈夫と一般の投資家はおろか、慎重であるべき銀行などの金融機関も過信していました。それが金融危機へとつながっていくのですが、その頃は、まだ皆がうかれていました。苦労せず大金を手に入れ、勤勉さの喪失にむしばまれる落とし穴にはまり込んでいきます。

一方、世界は歴史的な大変動に揺れていました。

１９８９年６月４日、中国で民主化運動を軍が武力で制圧する「天安門事件」が発生。11

月9日、東西ベルリンを分断していた「ベルリンの壁」が崩壊した。冷戦の象徴は取り壊され、東欧の民主化が進み、ソ連を中心とした東側社会主義陣営は崩れていった。12月3日、ソ連のゴルバチョフ共産党書記長とブッシュ米大統領はマルタ会談で、東西冷戦の終結を宣言した。

90年2月、海部俊樹内閣での衆議院選後、渡辺美智雄先生が会長となって中曽根派を継承し、渡辺派になります。無派閥でいた私も渡辺派に入会し、渡辺会長を自民党総裁、総理にするため頑張ろうと決意します。

東西冷戦終結後も世界に平和は訪れず、90年8月、イラクのクウェート侵攻によって湾岸危機が始まり、翌年1月から湾岸戦争となります。日本の国際貢献が問われますが、海部内閣は対応にもたつきました。渡辺会長は「ポスト海部」に向けて行動します。宮沢派の宮沢喜一会長も意欲を見せていて、党内最大派閥・竹下派の動向が焦点でした。私は竹下派の杉山憲夫さんと親しくしていたので、連絡を取り合い、竹下派の金丸信会長と渡辺会長の会談を、東京・赤坂のフランス料理店で、何回も重ねました。地下駐車場から直結の専用エレベーターで上がれたので出入りを人に見られず、金丸会長がよく使っておられた場所でした。

91年10月、海部首相退陣を受けた自民党総裁選。渡辺会長、宮沢さんと三塚派の三塚博会長が出馬しました。派閥の基礎票では渡辺会長は3番手。やはり、竹下派の支持を得られるかどうかが結果を左右する。何とかしようと動きます。10月6日から神奈川県箱根町で1泊2日の渡辺派研修会がありました。参加者が寝静まった深夜、渡辺会長は私の運転する車に乗り込み、東京・元麻布の金丸会長の私邸を7日早朝から訪ねました。渡辺先生が間違えてお隣のお宅の呼び鈴を鳴らしてしまうというハプニングもありましたが、金丸会長に支援をお願いしました。

竹下派内は、渡辺先生か宮沢先生のどちらを支援するかで、意見は割れていました。どの候補を推すか、小沢一郎会長代行が宮沢、渡辺、三塚3候補と面談し、意見を聞くということもありました。私たちはそれぞれの人脈をたどり、渡辺支持を訴える努力をしました。竹下派だけでなく、無派閥の方々にも、渡辺先生の飾らない人柄、庶民性に好意をもって頂く方々もおられました。投票直前まで票読みをしたのも懐かしい思い出です。10月27日の総裁選では予想以上の結果になります。

金丸副総裁　突然の辞任

１９９１年10月の自民党総裁選では宮沢喜一総裁が選出され、宮沢内閣が発足します。渡辺会長は、渡辺派の議員数を上回る予想以上の得票で２位になりました。宮沢内閣では副総理・外相に就任し、ポスト宮沢の最有力候補になります。予想以上の票の上積みは、三塚派から分かれた加藤六月さんのグループや竹下派の一部の方々のおかげでした。

92年１月、宮沢首相は党内基盤強化のため、最大派閥竹下派の金丸信会長に党副総裁就任を要請し、金丸会長も受諾します。国会対策委員長にも竹下派の梶山静六さんが就任しました。

金丸副総裁就任に伴って、副総裁担当の副幹事長が新設され、国会対策副委員長だった私は突然の指名を受けました。渡辺先生に相談すると、すでに連絡があったのか、「しっかり頼むよ」と言われました。金丸副総裁の事務所にごあいさつに行き、その日から仕事が始まりました。金丸副総裁の指名で、ご自分と綿貫民輔幹事長ら執行部との連絡役とい

副幹事長時代の伊吹さん（手前）と金丸副総裁

う役目でした。派閥の違う渡辺派の私をそばに置いたのは、「次はミッちゃんかな」と、ポスト宮沢に渡辺会長を想定し、私を連絡役にという考えもあったようです。金丸副総裁や竹下登元首相ら親しい人は渡辺会長を「ミッちゃん」と呼んでいました。私は「先生」をつけて「ミッちゃん先生」と呼んでいましたが。

党役員会をはじめとした党のいろいろな会議には、金丸副総裁はあまり顔を出されず、国会近くの事務所におられて来客の応接などで忙しそうでした。私は党の役員会、総務会などに出席し、内容をメモにしたり、与野党の情報を収集したり、結構忙しい毎日でした。綿貫幹事長に概要を報告した後、金丸副総裁に要点をお伝えしていました。

金丸さんは「うんうん」「そうかい」程度の反応でした。意を尽くしていたつもりでしたが、通じているのか、心配に思ったものです。後々、いろいろな場面で、「伊吹君、あぁ言ってたなあ」などと言われ、覚えておられるのに驚きました。茫洋《ぼうよう》、カミソリより鉈《なた》の印象を持っていたのですが、実は細かく配慮され、緻密な一面がありました。こうした点は渡辺先生にも共通するものがあり、実力者と言われる政治家の条件を学ばせて頂きました。

6月、金丸副総裁は訪米します。私は小沢一郎さんと共に同行しました。ワシントンでブッシュ大統領との会談後、ホワイトハウスで大統領と家族の暮らす私邸部分に招かれ、大統領とバーバラ夫人からお米を振る舞われるなど、異例の厚遇を受けました。米国は日本政治のパワーバランスを熟知していて、自民党の実力者をもてなそうということのようでした。

7月、参議院選で、細川護熙《もりひろ》・前熊本県知事が政治改革を訴え、結党したばかりの日本新党が4議席を獲得しました。「新党ブーム」の始まりで、政治改革を巡る政局の前兆となります。

この年は長く続いた自民党政権の終わりが見え始めた年になりました。好事魔多しで、それは、最大の実力者だった金丸副総裁から始まりました。

> 1992年8月、東京佐川急便事件に絡んで、金丸副総裁が5億円の「闇献金」を受け取っていたことが判明した。

8月27日朝、金丸副総裁本人から「自民党本部で待機」という連絡があり、党本部に行きました。金丸副総裁は竹下派事務総長の佐藤守良さんと一緒に来られ、佐藤さんから「副総裁を辞めるので、記者会見の準備を」と言われました。「党三役にも諮らず、私の一存でそれはできません」と答えました。綿貫幹事長ら党執行部は出張中で不在でした。党本部には竹下派の野中広務総務局長がいました。野中さんは驚いて、外遊中で英国にいた、同じ竹下派の梶山国対委員長に国際電話で連絡を取りました。梶山さんは「絶対にいかんぞ」と反対です。

緊迫した雰囲気で、「できません」「いや、記者会見だ」という押し問答が続きました。私は「党副総裁の進退は党の問題ですから」と、派閥の事務総長から指示されることは筋違いであるという思いを口にしました。大先輩の佐藤さんは激怒され、叱られたことは今も鮮明に覚えています。黙って聞いておられた金丸副総裁が「俺は決心しているから、いいじゃないか」と言われ、結局、記者会見をすることになりました。

記者会見で金丸副総裁は「責任を取るべきだと考えた」と発言し、佐藤さんがメモを読み上げて、副総裁の辞任と竹下派会長も辞める決意を表明しました。不可解な辞任劇でしたが、話はまだ終わらないのです。

竹下派の内紛と派閥闘争

党副総裁の辞任会見なのに、竹下派の佐藤事務総長が同席し、事前に用意した声明文を読み上げる。この日、竹下派会長代行の小沢一郎さんが首相官邸で宮沢首相に副総裁の辞表を提出したのです。竹下派内のことで、私は知る由もないのですが、誰がこのシナリオを書いたのか。派閥主導は明らかなのに、同じ竹下派幹部である梶山さんや野中さんは驚き、反対したのも不可解でした。この問題はやがて事件になりますが、私の感じた違和感は竹下派の権力闘争となって現れます。

金丸先生の副総裁辞任に伴い、私の役割も終わりました。しかし、綿貫幹事長のご配慮で、幹事長を補佐して、しばらく副幹事長を続けていました。綿貫先生にはその後も折に触れ、公私にわたりご指導、ご配慮を頂きました。

金丸会長は政治資金規正法違反で略式起訴されたが、世論の厳しい批判を受け、10月14日、議員辞職した。金丸会長の後継を巡って、竹下派は小沢一郎会長代行の支持派と反小沢派の内紛となり、12月18日、小渕派と小沢氏に近い羽田派に分裂した。１９９３年３月６日、東京地検特捜部は所得税法違反（脱税）容疑で金丸前会長を逮捕した。

金丸前会長は議員辞職後もお目にかかるといつも淡々とした様子で、変わらずご厚誼《こうぎ》を頂きました。公務員経験の長い私は、身近でそれまでとはまったく違う景色を見せてもらい、勉強・教訓になりました。政策の立案は知識が大切ですが、政策を法律や予算として実現するのは知識ではなく人のつながり、人間関係なのだということです。晩年は山梨県白根町（現・南アルプス市）のご自宅で過ごされることが多かったのですが、持病の糖尿病、いろいろな体の具合もあり、神奈川県小田原市の病院などで治療されていました。お訪ねすると往時と変わらず、世間話に耳を傾けて頂きました。議員辞職から約4年後の１９９６年３月28日に逝去されました。ご遺体のある山梨のご自宅には、竹下派の人たちをはじめ、多くの弔問客が来られたのですが、竹下元首相や梶山官房長官と新進党党首になった小沢さんなど、かつての竹下派は与野党に分かれていました。私のような外野から見ても、その微妙な人間関係が垣間見えたものです。ご葬儀はご自宅の向かいにある慈眼寺《じげんじ》で、しめやかに行われました。金丸先生が眠っておられるこのお寺には、今も時々お参りに伺っています。

ロッキード事件、リクルート事件、東京佐川急便事件と「政治とカネ」の問題が続き、政治改革を求める世論が高まります。自民党も宮沢首相を本部長とした政治改革推進本部を設置して議論を始めます。本部長代理は塩川正十郎さん。私も副主査として加わりました。93年4月1日、宮沢首相は緊急記者会見を行い、政治改革に「不退転の決意で臨む」と表明。できなければ責任を取る、と世論には受け取られたようです。政治改革に与野党、自民党各派閥の権力闘争が絡んで、やがて政権交代、大混乱の政局になっていくのですが、万年与党の自民党には、そこまでの危機感が乏しかったようです。

「政治とカネ」の問題が生ずるのは、派閥政治に原因があり、派閥政治を生み出すのは、自民党同士が争う中選挙区制が悪い、中選挙区制を定数1の小選挙区制に替え、政党本位の選挙制度に変えることが政治改革の基本だということを、メディアや学者が当時、主張していました。小選挙区はお金がかからず、政策本位の議論により政権交代が可能になると、良いことずくめの主張でした。小選挙区制の利害得失の議論をしようものなら、政治改革に後ろ向きだと批判を受けるという雰囲気でした。「政治改革」というスローガンによるポピュリズムです。

この雰囲気の中で、派閥が悪い、派閥を生むのは中選挙区制に原因がある。同一政党の候補者が争う中選挙区制を廃止し、政策で争う政党主導の小選挙区制にすれば政治とカネの問題もなくなり、政策本位の政権交代可能な政治になる。まあこんな雰囲気で、政治改革選挙制度改正が正義の味方のような雰囲気でした。

鮮明に覚えているのは、後に総理になる小泉純一郎さんが、堂々と反対論を述べたことです。「こんな制度にしてみろ、定数1の公認権を持ち、政党助成費の配分権を持つ執行部に皆がひれ伏さねばならなくなるぞ」。後々小泉さんが総理・総裁となり、郵政解散の際に彼自身が危惧した権限・権力を目一杯行使し、刺客を立て、総選挙に圧勝し、権力掌握の勝者になるとは夢にも思わなかったのですが、小泉内閣以降、解散権の行使について謙虚な風潮が少なくなり、与党の力、引いては立法府である国会の権威が低下しているように思います。まさに若き日の小泉さんの危惧が、ある意味的中したのです。

現在、派閥の裏金問題で世論が憤慨し、またまた政治改革、政治刷新が叫ばれています。裏金等は論外ですが、当時の反省から後輩の皆さんには、冷静な大局観を持って、制度改正に取り組んでほしいと願っています。その時大切なことは、国民主権を預かっている唯一の国家機関である国会こそが「国権の最高機関」であることが担保され、真の三権分立が機能することです。その構成員である国会議員が、資産家の子女や世襲議員だけでなく、誰でも立候補できる条件を損わないで頂きたいということです。

議員になること、その立場を護ることに必要な政治資金は、候補者と有権者である国民との関係で決まってきます。裏金は禁止すべきですが、政治資金を正当に確保し、透明性をもって国民に説明できるかがポイントだと思います。

さて現在から当時の昔の証言に戻ります。政治改革の方向について党内の意見が一致せず、結論が出ない。宮沢内閣の支持率が落ちてくる。野党が提出した内閣不信任決議案に対し、竹下派の分裂、派閥抗争が絡み、自民党内から多くの造反が予想される騒然たる状況でした。

通常国会会期末の6月18日、政治改革関連法案の成立が困難となり、野党提出の宮沢内閣不信任決議案が緊急上程されました。自民党から羽田派を中心に39人が賛成、16人が本会議を欠席したことで不信任は可決されました。宮沢首相は衆議院を解散します。羽田派は44人で「新生党」、武村正義氏ら10人は「新党さきがけ」を結党しました。日本新党も参戦します。7月18日、衆議院選で自民党は堂々の比較第1党でしたが、過半数は割り込みました。社会党は激減します。

新生党は竹下派分裂の権力闘争によりできましたが、その母体となった羽田派は自民党内から内閣不信任決議案に賛成し、離党しています。そうしてできた新生党には連立を呼びかけられない。さきがけは不信任決議案には反対した上で自民党を離党、結党していました。細川護熙代表の日本新党はさきがけと共同歩調で動いていました。この2党の動向で政権の行方が決まる状況でしたので、連立の協議が始まりました。梶山幹事長以下、おのおのの人脈で努力したのですが、小沢さんの動きのほうが早かった。

宮沢首相は7月22日に退陣表明しました。ところが、29日には小沢さんの主導で、新生党、日本新党、さきがけに加えて、社会党、公明党、民社党らの8党・会派党首会談が行われました。この場で、日本新党の細川代表を首相とする非自民連立政権樹立が合意され、政権の枠組みが決まってしまいました。こうなると、翌30日の自民党総裁選はもう消化試合です。渡辺会長と河野洋平官房長官の一騎打ちになり、河野さんが選出されましたが、盛り上がりませんでした。野党転落が決まっていたからです。

渡辺政権を夢みて尽力

「ミッチー」先生こと、渡辺美智雄先生は、副総理兼外務大臣時の1992年に体調を崩され、東京女子医大病院に手術のため、入院されました。しかし、本人はあと一歩まできた総理総裁の座を目指して闘志を失わず、以前と変わらずに頑張っておられました。周りで見ている私には、何かお気の毒に思える気持ちもあり、93年12月号の月刊『文藝春秋』

に、渡辺先生が「小沢流『改革』は急ぎすぎだ」を寄稿するのをお手伝いしました。また、94年4月、渡辺先生の政権構想として、渡辺先生と柿澤弘治さん、私の共著で『新保守革命』（文春ネスコ）を出版したりもしました。

時計の針は戻りますが、93年7月30日、宮沢首相の次の総裁を決める自民党総裁選は渡辺会長と河野官房長官の一騎打ちでした。派閥に否定的な政治改革一色の雰囲気の中、派閥の長である渡辺会長は最初から不利でした。私は「派閥はあくまで裏選対に徹するべきだ」と、派閥色を出さないように進言。派閥を超えていろいろと他派の方や隠れミッチーファンに働きかけますが、結果は49票差で河野さんが選出されました。

8月5日、宮沢内閣は総辞職します。6日に日本新党の細川護熙代表が首相に指名され、9日、社会党、新生党、公明党、民社党など8党会派による「非自民連立」の細川内閣が発足しました。自民党は1955年の保守合同以来、38年間維持してきた政権を手放し、野党に転落しました。

自民党が総裁選びをしている間に、新生党代表幹事の小沢一郎さんが「政治改革」「非自民」だけで8党会派を政権に結集させましたが、細川内閣のブームはすごいものがありました。

12月、新多角的貿易交渉（ウルグアイ・ラウンド）でのコメの部分開放決定で、8党連立の亀裂は深刻になり、94年1月、政治改革関連法案は社会党などの造反により参議院で否決されます。

法案再提出、議決成立のために、与野党間協議が始まります。実務者間の協議は、自民党では政治改革本部（三塚博本部長）が担当し、私も参加していました。自民党は後援会中心の選挙を重ねていることもあり、選挙制度では、全てを小選挙区制にと主張しました。連立与党側は比例代表制重視の主張でした。最終的な原案は、自民党の森喜朗幹事長と与党側は小沢一郎新生党代表幹事の間で実質的合意がなされ、小選挙区300議席、比例代表200議席の小選挙区比例代表並立制となります。現制度の誕生です。

1月29日、細川首相と河野総裁の与野党トップ会談が行われ、法案修正で合意し、政治改革4法は衆参本会議で成立しました。衆議院に小選挙区比例代表並立制導入が決まりました。

連立内閣は政治理念の異なる寄り合い所帯で、「8頭立ての馬車」と揶揄《やゆ》されていました。最大の課題だった政治改革関連法が成立すると、共通目標を失って、8頭の馬は別々の方向に走り出し、連立は瓦解を始めます。2月、国民福祉税を細川首相が突然打ち出し、連立内の反発ですぐに撤回する騒動はその象徴でした。佐川急便グループからの資金提供問題も追及された細川首相は4月8日、突然、退陣を表明します。

私が野党の立場から見ていてもわかったのは、小沢さんの考えや政治手法に社会党や新党さきがけが反発し、8頭立ての馬車が制御できなくなったという現実です。小沢さんの心境を推察すれば、自分の意のままにならない社会党やさきがけなどの勢力を切り捨てたいが、それでは数が足りなくなり、政権が維持できなくなる。穴埋めに自民党と手を結ぼうにも、過去のいきさつがあり、難しい。「さあ、どうするか」というところだったのでしょう。

そこで標的になったのが渡辺先生ではなかったか、こう考えるのが自然でしょう。この頃、渡辺会長から、自民党から40人程度同調して離党してくるなら、渡辺首班で連立政権を作るという話が来ているので、一緒に行動するかと打診されました。小沢さんは政策の一致が難しい社会党を除く政権を考えているという情報も聞いていました。

本当に渡辺首相の連立政権を作るつもりなのか、社会党外しの穴埋めで、自民党を割ることのほうが目的なのではないかと考え、渡辺会長側近の山崎拓さんも私も反対でした。ただ、渡辺会長は92年に手術をされて以来、入退院を繰り返していて、ご自分の健康状態をご存じだったのでしょう。執念のようなものを感じました。また、寂しそうな顔を見て、私の考えとは違いましたが、長年のご恩に報いなければと思い、離党届はお預けしました。

しかし、小沢さんの真意がわからず、疑心暗鬼の状態です。小沢さんからの具体的な話はない。慎重にしなければ、渡辺会長らと自民党を離党するだけになってしまうかもしれない。大量虐殺のようなことになってしまう。一人になると、今後のことについて自問自答する苦しい毎日。今思い出しても嫌な時間でしたが、ミッチー先生はもっともっと嫌な気持ちだったろうなと今にして思います。

ポスト細川と目されていた外相の羽田孜《つとむ》さんは新多角的貿易交渉の国際会議でモロッコに行っていましたが、４月17日に帰国しました。渡辺派の事務所に集まって、確かめてみようということになり、羽田さんに電話で聞いてみると、「俺に（首相を）頼むと言われている」とのことでした。与党最高実力者の小沢さんは渡辺、羽田の2枚の手駒を持ち、両天秤を掛けていたということでしょうか。自民党の野党転落の経緯から、小沢さんへの反発は渡辺派の中にも強く、ミッチー先生と行動を共にする人は、20人もいなかったと思います。そんな状態で離党しても、死屍累々、無駄死ににになると気付かれたのか、渡辺会長もこれでは無理だと断念します。総理の座に最後の執念を燃やす病身の政治家の心を利用したように思えるこの騒動で、私は政治の非情さを改めて教えられました。渡辺先生には誠にお気の毒だったと、今でもあの時のことは忘れられません。

私の離党届は表に出ず、幻になりました。

村山内閣発足　首相指名で造反

1994年4月25日、羽田孜副総理兼外相が首相に指名されました。しかし、新党さきがけは閣外協力に転じ、社会党の村山富市委員長も連立離脱を宣言。与党統一会派「改新」騒動で、小沢新生党代表幹事の社会党外しに反発したからでした。少数与党政権になり、羽田内閣は２か月後に退陣表明します。

社会党と組めば連立与党を上回り、政権を奪還できる状況。自民党の河野総裁は村山さんを首相候補にすることを決意します。村山擁立構想について私はまったく関知しておらず、一切の情報は入りませんでしたし、執行部からの連絡もありませんでした。多分、反対派と目されていたのでしょう。小沢さんは海部元首相を担ぎ出し、自民党を割って対抗しようとしました。

６月29日、首相指名選挙の衆議院本会議は村山氏と海部氏による２回目の決戦投票で村山氏が首相に指名され、翌30日、自民、社会、新党さきがけ３党連立の村山内閣が発足しました。

青臭いでしょうが、私は禁じ手だと思いました。社会党は自衛隊違憲論を唱え、日米安保条約も認めていませんでした。私の政治理念に反するので、村山さんには投票できない。中曽根康弘元首相、渡辺美智雄先生と同じく、海部さんに投票しました。

投票は１回で決着がつかず、２回目の投票、決選投票になります。その間の両陣営の説得工作の激しさは、権力を手にするための政治の厳しさ、人間の本性のようなものを実感させられるもので、政治家というのは嫌な仕事だと思いました。結局、村山さんが首相に指名されるのですが、その後、選挙区の京都に戻ると、「伊吹は自民党を離れるのか」などと言われたものです。私は「自分こそ自民党の立場を守った」と考えていましたが、党議決定違反で役職停止処分になりました。

村山首相は就任直後、日米安保堅持、自衛隊合憲など、社会党の基本政策を転換します。政権を担う現実に対応して大変だったと思います。東西冷戦終結で、社会党も歴史的な役割を終えた転換期だったとも言えるでしょう。しかし、東側の代弁をしていたという反省、総括もなく、政策転換は突然でした。村山さんを担いだ自民党の責任もありますが、政治の言葉、約束は政党を問わず信頼を失い、国民の政治不信を招いたのではないでしょうか。

自民党の傷跡も大きかったのですが、社会党のダメージはさらに大きく、以後、党は消滅状態になっていきます。中選挙区制を前提に、東西冷戦下で形成されていた自民党・社会党の55年体制は崩壊し、安定した組織、基盤に支えられた野党不在の政治状況が今日まで続くことになります。

1995年1月17日、阪神・淡路大震災が発生した。死者6434人、行方不明者3人、負傷者4万3792人、深刻な被害をもたらした。7月23日、参議院選で、海部党首、小沢幹事長の新進党が躍進する。与党は不振だった。

恩師・渡辺先生との別れ

この頃、渡辺先生の病状は悪化していました。95年9月に河野総裁の任期が迫り、渡辺先生は自社さ連立、河野総裁再任には否定的でしたが、病床にあり、自ら動けない。河野執行部は総裁選抜きの再選を考えているのではと思い、渡辺先生の考えに沿って、私たち中堅・若手は開かれた総裁選実施の署名を集め、働きかけをします。念頭には通産大臣だった橋本龍太郎さんがありました。橋本さんを総裁候補に担ぎ出します。

9月15日、私の政界の恩人の一人、渡辺先生は逝去されます。ご遺体は故郷、栃木・那須塩原のご自宅に安置されました。台風の中、多くの弔問者があり、総裁選の最中に橋本さんも駆けつけました。渡辺先生には「政策に上下なし。ただし、宴会の座布団の順番は間違えるな」など、政界での身の処し方を教えて頂きました。お国なまりで経済・財政をわかりやすく説き、選挙を考えると言いにくいことでも持論を曲げず、本音の発言を貫かれた。時に脱線しましたが、明るいお人柄は多くの人に愛されました。渡辺政権で経済政策を実現してほしかったと惜しむ声が経済界などからありました。私は今も墓参りを欠かしません。

伊吹さん（左）と渡辺美智雄さん（右）

第4章　初入閣以後

労働大臣就任　働き方改革法案を提出

1995年9月22日、自民党総裁選で橋本龍太郎さんが選出されました。一方、12月の新進党党首選では、小沢一郎さんが党首に就任です。年が明けて、96年1月11日、村山内閣は総辞職しました。自民、社会、さきがけの3党連立政権を維持したまま、第1党である自民党の橋本総裁が首相に指名され、橋本内閣が発足します。自民党の首相が復活です。亡きミッチー先生こと、渡辺美智雄先生の遺志通り、河野総裁の再選ではなく、橋本総理が実現した時でした。

橋本さんから「伊吹さん、栃木に行く時は、ミッチーさんに花を届けてください」という電話がありました。このようなことが、どちらかと言えば不得意な印象の橋本さんからの言葉だったので、「ミッチャン」先生もきっと喜ばれるだろうとうれしく思ったものです。

橋本さんとは、厚生行政についてご伝授、指導を受け、親しくしていましたので、橋本内閣の発足はうれしい出来事でした。

　1996年1月19日、社会党大会は党名を社会民主党（社民党）に変更することを決定し、社会党は50年の歴史を終えた。4月12日、橋本首相はモンデール米駐日大使と首相官邸で共同記者会見し、沖縄県の米軍普天間飛行場の返還に日米両政府で合意したと発表した。

橋本さんは米軍普天間飛行場返還の日米合意にある種の高揚感があったようです。「これで民家の上を飛ぶ日本一危険な飛行場がなくなる」とうれしそうに話されていたことを覚えています。現在、移設先の代替施設建設が難航していて、移転は実現していません。

沖縄の人たちの日常生活の危険回避を最優先に考えていた橋本さんは、現状をどう考えているだろうかなどと思ってしまいます。

9月27日、衆議院は解散されました。小選挙区比例代表並立制による初めての総選挙になります。小選挙区比例代表並立制の下での候補者調整は、多くの都道府県で難航しました。自民党は中選挙区で議席を独占し、定数いっぱいの現職がいる選挙区もあり、小選挙区の数が足りない。誰も培ってきた地盤を離れようとはしない。地盤の重なる現職同士の調整で、公認にならない方は無所属で争う姿勢を示すなどなど。同じ政党の小選挙区と比例区の候補者が、選挙ごとに交代して立候補する「コスタリカ方式」などの言葉を知ったのもこの時でした。当然のように小選挙区の公認候補者が決まっていく現在とは、まだ時代が違ったのです。

私の地元の京都は、定数5の中選挙区2つに自民党現職は4人しかいませんでした。小選挙区は6つになりましたので、4人の現職は収まり、2人の新人を擁立します。私は京都新1区から立候補します。中選挙区時代に競い合った自民党現職の支持者に協力してもらうための苦労はありましたが、幸い初の小選挙区選挙も乗り越え、当選５回となりました。

９月28日、鳩山由紀夫、菅直人両氏を共同代表とする民主党が結成された。10月20日の衆議院選で、自民党は改選議席を上回る２３９議席で第１党だったが、過半数には届かず。野党第１党の新進党は議席を減らした。民主党は現状維持で第３党となった。民主党に多くの議員が合流した社民党は15議席、新党さきがけは２議席だった。

衆議院選で敗北した社民、さきがけ両党は閣外協力に転じ、自民党単独政権になります。97年４月、消費税率は５％に引き上げられました。９月、自民党総裁選で橋本首相は無投票で再選され、11日、第２次橋本改造内閣が発足。私は初入閣し、労働大臣になります。この頃、バブル崩壊の影響が表面化してきました。韓国などアジアの通貨・金融危機もあって、金融機関の経営破綻が相次ぎました。

破綻した金融機関とその関連企業の雇用問題に取り組みます。日本、アメリカ、ロシアなど主要国首脳会議（サミット）参加８か国（Ｇ８）と欧州連合（ＥＵ）の雇用・産業担当閣僚による神戸雇用会議が神戸市で開催され、私は議長を務めました。この時は4年間の英国勤務が役に立ちました。大蔵省が若手の職員を海外に勤務させるのは、このような時に備える先行投資かとありがたく思ったものです。

この会議にはG8として、エリツィン政権のロシア代表も参加していました。ソ連共産党政権の崩壊、東西冷戦終結は、その後の世界や人類への大きなチャンスだったと思います。歴史に「イフ」は禁句ですが、もしロシアがG8にとどまり、民主化と自由化が進んでいれば、ウクライナ侵略を含め、世界は随分と違った風景になっていたろうと、当時の国際会議の写真を見て改めて感慨があります。

多様な働き方を実現するため、仕事の進め方や時間配分を個々の労働者の裁量にゆだねる裁量労働制が、特定分野に限られていた適用対象を大幅に拡大する労働基準法の抜本改正案をまとめ、国会に提出しました。成立は私の退任後でしたが、「働き方改革」の先駆けとなりました。

私たちが考えてきた「働き方改革」は、希望者に多様な働き方の選択を可能としたい、というものでした。しかし、現在の雇用状況を見ると、非正規雇用の労働者が増え、被雇

神戸雇用会議で労働相として議長を務める伊吹さん（左から2人目）
（1997年11月28日、神戸市で）

用者の選択ではなく、雇用者の選択で雇用形態が決まることも多いようで、ご批判は多いだろうと思います。どのような制度・法律も、副作用を抑え、効果を引き出せるかは、それを使う人の矜持・自己抑制に懸かっている実例だと思います。

98年6月、橋本首相は「中央省庁等改革基本法案」を成立させ、1府22省庁を1府12省庁に再編統合します。いわゆる橋本行革でした。橋本さんは「長寿社会で社会保険料の高騰を抑えるためとはいえ、消費税率を5％にしたからなあ」と、増税への反発を心配して、参議院選を楽観していませんでした。金融危機からの不況が続く中、予感は的中しました。

新税の創設や税率の引き上げは国民負担増ですから、有権者が嫌がるのは当然です。一方で、長寿社会で増えてくる年金、介護、医療の支出を考えれば、どこかで政治は正直に、受益者であり、負担者であり、一票を行使する有権者である国民に話さなければならない。それを訴えた竹下総理、橋本総理、山中貞則自民党税調会長がそろって政治的代償を払うことになるのは、政治のつらさ、厳しさなのかと寂しい思いを禁じ得ませんでした。

７月12日、参議院選で惨敗し、橋本首相は退陣を表明しました。自民党は参議院で過半数を割り、野党会派が参議院の多数を占める「ねじれ現象」が生じました。

参議院選の敗北は消費税引き上げが原因というよりは、橋本首相が消費増税への批判を心配する余り、突然、所得減税に言及したことにも遠因があると思います。選挙戦の最中に所得税、住民税の減税を巡って、「恒久減税」を示唆しながら、すぐに修正したことから、発言が迷走している、政策が一貫していないなどとメディアから批判されたことが影響したと言われます。最近、防衛力強化の財源に税を充てるという当たり前の方針を示した総理の岸田文雄さんが、ＳＮＳなどで「増税メガネ」と揶揄されたからか所得減税を表明した時、私はなぜかこの時の橋本首相を思い出してしまいました。

自公連立と小沢一郎氏

橋本首相の退陣を受け、１９９８年７月24日、自民党総裁選で外相だった小渕恵三さんが総裁に選出されました。30日、衆議院で首相に指名されますが、参議院は民主党の菅直人代表を首相に指名します。両院協議会で衆議院の議決が優先されて小渕首相に決まりましたが、参議院では野党会派が多数を占める「ねじれ国会」という厳しい状況が突きつけられます。小渕内閣は波乱の中、発足しました。

7月からの臨時国会は「金融国会」と呼ばれました。バブル経済崩壊後の影響が、過剰な資金を融資していた金融機関にも現れたのです。小渕内閣が発足する前年の97年には、11月に準大手証券会社「三洋証券」、大手四大証券の一角だった「山一証券」が債務超過で廃業に追い込まれました。また当時、広域の営業基盤を規制行政の下で認められていた都市銀行の「北海道拓殖銀行」が破綻しました。次はどこかといううわさが飛び交い、預金の解約などで金融機関は戦々恐々の状態でした。

小渕内閣は、この金融不安を乗り切る大きな課題を背負って発足したと言えます。政府は金融再生委員会を内閣府に置く設置法、破綻した金融機関の処理や再建、金融機関への公的資金注入により経済への悪影響を抑えるといった目的で、金融再生法、金融早期健全化法などの金融再生関連法案の準備を進めていました。しかし、金融危機は予想以上に深刻で、経営危機に陥っていた「日本長期信用銀行」は国会開会中の98年10月23日に、破綻に追い込まれることになります。日本経済の危機であり、世界経済にも影響しかねない。不良債権を処理して、金融システム安定化を図るための法整備は緊急を要していました。

8月5日、政府・自民党は、破綻した金融機関を国の管理下で処理する金融再生関連法案を提出しました。31日、北朝鮮が弾道ミサイル「テポドン」を発射します。日本列島を飛び越えて太平洋に着弾しました。安全保障にも危険信号です。10月12日、金融再生関連法が成立しました。16日、存続可能な銀行に公的資金で資本注入を行う金融早期健全化法も成立します。

自民党だけでは法案が成立しないねじれ国会。政治の機能不全は明らかでした。自民党は破綻金融機関の再生が日本経済全体の安心・安全のために不可欠と考え、公的資金を注入することを中心に再構築を考えていたのですが、破綻処理を主張する野党と折り合いがつかない。協議は難航し、時間だけが過ぎていくという焦燥状態でした。この時に脚光を浴びたのが、民主党若手と自民党実務者の折衝、いわゆる「政策新人類」の登場です。

金融再生関連法は成立まで与野党の修正協議で2か月以上を費やします。この間、株価は大きく下がり、景気、雇用も悪化しました。民主党は長銀を破綻処理させようと、野党案「丸のみ」を強硬に主張し、受け入れざるを得ませんでした。状況を打開するため、野中広務官房長官、古賀誠自民党国会対策委員長は小沢一郎党首の自由党との連立に動きます。

この自自連立では、野中さんの「悪魔にひれ伏してでも」というセリフが有名になりました。私は関わっていないのですが、自民党と公明党で連立の話が進んでおり、その流れを円滑に進めるためにも、まず自自連立からという段取りだったと、後で知りました。自自連立だけでは参議院の数の上で「ねじれ」解消にならないのにと思った浅慮を恥じたものです。

11月19日、小渕首相と自由党の小沢党首は連立政権樹立で合意しました。99年1月14日、自自連立内閣が発足です。4月29日、小渕首相は日本で2000年7月に開催する主要国首脳会議（サミット）の開催地を沖縄県に決定しました。

自自連立でも参議院では与党は過半数に届きません。政権安定のためには、公明党を入れた自自公連立が必要でした。9月21日、自民党総裁選で小渕首相は再選。10月5日、公明党も加わった自自公連立内閣が発足します。現在も続く、自公連立の始まりです。しかし、自由党の小沢さんは、公明党が入ったことで、自公の間で埋没することを懸念して、連立離脱カードをかざして、政権を揺さぶります。離脱の動きを繰り返す小沢さんに、小渕首相は決断を下します。

2000年4月1日、自自公3党首会談、続いて小渕、小沢両氏の党首会談で自由党の連立離脱が決定しました。翌2日未明、小渕首相は脳梗塞で順天堂大学付属順天堂医院に緊急入院されました。昏睡《こんすい》状態となり、5月14日、お亡くなりになりました。62歳。首相経験者として、戦後、最も若くしての死去でした。

繰り返される離脱騒動が重荷になっていたのでしょう。小渕さんは戦場となった沖縄への思い入れが強く、サミットの沖縄開催は小渕さんの決定でした。自ら決めた沖縄サミットを目前にして無念だったと思います。

後日談になりますが、沖縄サミットは、後継の森喜朗首相の下で立派に開催され、沖縄の人たちの戦争での犠牲、歴史的立場を多くの人たちが改めて認識することになります。

国家の一大事の中、政策集団「旧渡辺派」にも大きな変化が生じます。メディアから旧渡辺派と言われるように、渡辺美智雄先生の後任会長はなかなか決まりません。先輩の先生方は当選回数を誇り、気位は高いのですが、自分の時間や資金を削って後輩の面倒をみてくれる人はなかなかいない。この状況に嫌気がさしたのか、若手の多くが山崎拓さんを担いで派を抜けることになります。残った若手は中曽根元首相やミッチー先生のご子息や子飼いの議員だけです。私は中曽根先生の直系で政策のスタンスが合うので親しくしていた与謝野馨さんと相談し、中曽根先生、渡辺先生が心血を注いだ旧渡辺派を守らねばならないと努力します。当時、参議院の実力者の村上正邦さんを説得し、会長に就任してもらいました。村上派の誕生です。後のことですが、村上派は三塚派（現・旧安倍派）を脱退した亀井静香さんのグループと合併し、現在の志帥会（二階派）となります。

介護保険制度創設　難産の末の誕生

小渕首相が倒れ、2000年4月4日、小渕内閣は総辞職しました。自民党幹事長だった森喜朗さんが後継となります。非常時なので、5日、発足した森内閣は、首相だけが交代する「居抜き」内閣で、官房長官の青木幹雄さんをはじめ、全閣僚が再任されました。幹事長代理だった野中広務さんが後任の幹事長になります。

連立から離脱した小沢さんの自由党は分裂。扇千景さんを党首に保守党が結成されました。保守党は連立にとどまり、自民、公明、保守の3党連立合意が成立します。運輸相の二階俊博さんも続投です。

この頃、私はライフワークの一つとする社会保障分野で、4月から始まった介護保険制度の創設に携わっていました。

高齢者の介護システムである介護保険制度の創設には反対もありました。自民党の亀井静香政調会長は「子が親の介護をする美風を損なうような制度は問題がある」と見直しを主張しました。制度実施から半年間は保険料徴収をしないことで政府与党が合意します。規模を縮小して、4月から制度開始となりましたが、亀井氏はさらに制度根幹を見直そうとしました。

保守の論理から亀井さんの意見は理解できるのですが、要介護者が増え続ける現実も放置できない。政治はいつの時代も理想、理念と現実の狭間で苦悩するものです。家族介護への現金給付論も出ましたが、介護者の負担を軽減する、そもそもの制度の趣旨から反対がありました。党内議論の場は社会部会（現・厚生労働部会）で、部会長は安倍晋三さんでした。安倍さんは粘り強く調整し、私もお手伝いしました。社会保険方式による現在の介護保険制度ができあがる上で、安倍さんの尽力は大きかった。後々、意見の合わない時、安倍さんから「私は『社会保障伊吹学校』の生徒ですから」と持ち上げられ、度々説得されたことも、今では思い出になってしまいました。

この頃、私は党務として、党七役の一つの広報本部長を務めていました。広報本部の仕事は文字通り党活動や政策の広報、宣伝です。平時は党機関紙「自由新報」（現・自由民主）の企画などですが、国政選挙になると、選挙対策で大忙しになります。森喜朗内閣は発足の経緯が、小渕前首相の病気による急な退陣を受けて、党幹部の話し合いで決まった印象があったので、なかなか内閣支持率が上昇しません。実際は自民党党則に従って、粛々と手順を踏んで党総裁に選出され、衆参両院で首相指名を受けているにもかかわらずです。森さんは総選挙により、国民の信任を得るべく、衆議院解散総選挙に踏み切ります。

広報本部も準備に入り、忙しくなります。総選挙は政権選択の選挙、内閣総理大臣、首相を実質的に決める選挙ですから、広報する対象の中心は総裁である森さんになります。テレビやラジオの出演収録、ポスターなどの写真撮影、ＣＭの撮影収録など、首相の激務の中、森さんは嫌な顔一つせず一生懸命協力してくれ、広報面での選挙準備は整いました。

6月2日、衆議院解散。25日の衆議院選で与党は議席を減らしたが政権を維持した。7月4日、第2次森内閣が発足した。

衆議院選で信任を受けましたが、森内閣の支持率はなかなか上がりません。

自民党加藤派会長の加藤紘一元幹事長は、この状況に危機感を覚え、インターネット上で多数の激励を受けたこともあって、野党の内閣不信任決議案に同調する可能性を示唆して、「加藤の乱」が起こります。山崎派の山崎拓会長も同調しますが、堀内光雄さんや古賀誠さんら自民党としては禁じ手である不信任案賛成に反対するグループと加藤さんに同調するグループが対立し、11月19日、加藤派は分裂しました。

私は総選挙後の人事で広報本部長から党組織本部長に転じていました。野中幹事長から、党として不信任案を否決して政権を守らなければならないので、加藤さんに同調しそうな議員の地元組織や支持団体に連絡し、思いとどまるように議員を説得する依頼をしてほしいとの話がありました。可能性のある議員をリストアップし、地元組織や支持団体に深夜まで電話連絡を続けました。翌20日、加藤、山崎両派は衆議院本会議を欠席し、不信任案は否決されました。

12月5日、第2次森改造内閣が発足し、私は国家公安委員長、危機管理担当相として入閣します。

2001年2月9日（日本時間10日）、ハワイ沖を航行中の愛媛県立宇和島水産高校の実習船「えひめ丸」に、浮上中の米海軍の原子力潜水艦が衝突した。えひめ丸は沈没し、教員、乗員、生徒計9人が死亡した。

衝突が起きたのは土曜日で、ゴルフ場にいた森首相の対応が批判されました。私も危機管理担当相として国会で対応に追われました。米原潜による衝突・沈没が事故か国家危機かなどメディアでいろいろな意見はありましたが、日本国民の生命に関することは、常に危機管理の対象として平時から準備を怠ってはならないという教訓を胸に刻みました。

01年３月10日、森首相は首相公邸で自民党の古賀誠幹事長らに、任期途中である党総裁を辞任して、総裁選を繰り上げ実施する意向を伝えました。退陣表明です。森さんは19日に訪米し、日米首脳会談で実習船「えひめ丸」沈没事故について原因究明、船体引き揚げ、補償などを要請します。ブッシュ大統領も正式に謝罪しました。ワシントンからの帰路、森さんはハワイに立ち寄り、事故現場海域で犠牲者の家族らと共に献花したことはあまり報道されませんが、森さんの思いは証言しておきたいと思います。

小泉政権の構造改革には距離をおく

２００１年４月24日、自民党総裁選で小泉純一郎氏が圧勝する。26日、小泉内閣が発足した。読売新聞社の緊急世論調査で内閣支持率は歴代最高の87・１％に達した。

小泉内閣は従来の自民党政治とは違うイメージで演出され、「小泉フィーバー」で人気は上々でした。小泉さんは総裁選以降、「自民党をぶっ壊す」、「反対する者はすべて抵抗勢力」などの刺激的なキャッチフレーズで世論の支持を回復します。7月29日の参議院選で自民党は大勝しました。

政治は権力を得て初めて国民のための「何か」を実行できるので、選挙に勝つこと、地位を得ることは大切なのですが、そこには暗黙のルール、掟《おきて》があると保守の立場の私は考えます。細川政権誕生前夜の「政治改革で政治は良くなる」、後々の民主党政権の「無駄さえ省けば何でもできる」のスローガン政治と似かよった手法の危うさを感じました。

自民党の歴史を知る者にとっては、田中派に忍耐、対峙してきた福田派以来の思いを背負っている小泉さんの言動は理解できます。ただ、小泉さんの「自民党をぶっ壊す」という言葉を聞いた時、保守主義の父と言われるエドマンド・バークの『フランス革命の省察』を思い浮かべました。革命の混乱を批判し、保守のバイブルとされる名著の中に「憤怒と狂乱は、慎慮と熟考と先見性が百年かけて築き上げるものを、ものの半時間で引き倒す」（岩波文庫『フランス革命についての省察』〔下〕中野好之訳より）という一節があります。営々と積み上げてきたものを、一時の感情で、簡単に破壊して良いのだろうかということですが、現代に通じる警句だと思います。

小泉さんは余力を残して総理大臣の座を譲るまで、国民からの支持が高かったという極めて稀な政治家でした。その人気のおかげで自民党も選挙を勝ち抜くことができたのですが、従来の総理像とは違う、どちらかと言えば野党型のポピュリズム人気だったように思います。田中眞紀子さんとタッグを組んだ総裁選の雰囲気を見て、こんなことをしなければ党総裁・総理になれないのかとの思いが私の中に残ったのは否定できません。小泉人気は従来の自民党的な悪しきものも、良きものも「ぶっ壊す」ことになります。私には何かなじめないものがありました。私は小泉さんが政権の仕上げとして取り組んだ政府系金融機関の民営化法を審議した衆議院行政改革特別委員会の委員長をお受けした以外は、これといった役職につかず、小泉政権には一歩引いて対応することになります。

小泉内閣は「構造改革」というキャッチフレーズで、バブル崩壊後の日本社会・経済を立て直そうとして、競争原理・効率重視の政策を進めたと、私はその方向は評価していましたが、その副作用を考えない競争至上主義は、ハイエクの懸念した「自生的秩序」なき格差社会の始まりではなかったかとも思います。自由主義のもたらす競争や効率化は人間社会の基本と言えるものです。しかし、どのような考え方、政策や制度にも必ず長所と短所があります。競争原理の効果を最大限に引き出し、欠点を最小限に抑え込み、政策や制度を動かしていけるかは、それを扱う当事者次第です。大切なのは、そこに規範や矜持を欠いたままでは、所得格差や社会の分断を招いてしまう恐れがあるということです。そうした点への配慮や言及が足りないのではと、私は一歩引いて見ていました。

保守の目から見た構造改革は、改革すべき対象である制度や政策を動かしている、その中で生きている人間不在の無機質な印象を拭えませんでした。これは小泉さんが重用していた学者ブレーンの研究室での考えと、有権者である生身の人間に日々接している政治家の感覚の違いかなとも思います。しかし、このような議論が「私に反対する者は抵抗勢力」と切り捨てられる雰囲気こそが、違和感の根本だったのかもしれません。

2001年9月11日、米同時テロが発生した。10月29日、米軍などへの自衛隊の後方支援を可能にするテロ対策特別措置法が成立する。2002年9月17日、小泉氏は日本の首相として初めて訪朝、日朝首脳会談で、北朝鮮の金正日総書記は拉致問題を認め、謝罪した。

私は２００４年から、自民党税制調査会で議論を取り仕切る小委員長を務めることになりました。税調のドンと言われた山中貞則先生ら幹部が「業界利益の代弁か、国家を考え発言しているのか」という基準で有為な人材を評価していくことで、税調は総裁ですら運営に口出しできない独特の権威を持っていました。この税制調査会のインナーメンバーとしての日々は、今思い返しても充実した、国家を中心に据えた議論の場だったと思います。

小泉さんは郵便貯金や年金保険料などを一元的に集め、各種の公的金融機関や公団・事業団に融資・運用することにより、国民のニーズに応えていこうとする財政投融資制度に否定的な考えを持っておられた。従って、構造改革の本丸と位置づけられたのは、財政投融資の最大の資金供給元を民営化する「郵政民営化」でした。自民党内も賛否が割れていました。賛成、反対両派の激しい権力闘争がやがて衆議院解散につながります。

小泉郵政選挙への違和感

小泉内閣が最重要課題としていた郵政民営化関連法案は、自民党内の反対・造反はあったものの、衆議院は僅差で可決しましたが、参議院では大差で否決されました。２００５年８月８日、法案否決を受けて、小泉首相は衆議院を解散しました。衆議院は議院として法案を可決している。私は民営化に賛成していましたが、憲法上の二院制の考え方から、この郵政解散には大きな違和感を覚えました。

造反はあったにせよ、衆議院は内閣提案の郵政民営化関連法案を可決しているのですから、三権分立の下で、衆議院と内閣という二つの組織の間には意見の対立はありません。造反議員はあくまで自民党内の問題です。憲法69条は、内閣不信任決議案が可決された場合など、衆議院と内閣の意見の不一致を解散理由としているのです。ですから、郵政解散は、郵政民営化という自説を押し通す権力闘争の強引な手法だと思ったものです。

私の大切にする保守の考えでは、憲法７条の天皇の国事行為としての衆議院解散が法解釈で認められたとしても、この権限の行使には、おのずから自制と矜持がなければならないという立場です。後で思うと、このあたりから、あからさまに党利党略による解散が堂々と論じられるようになったようです。

そして、いよいよ解散総選挙です。小選挙区制での候補者決定は党執行部の権限です。小泉さんは民営化法案の反対者を公認せず、別の候補者を「刺客」として擁立します。党に多大な貢献のあった先輩の方々も公認されず、刺客を差し向けられました。かつて自民党は、中選挙区制の下で派閥合衆国と揶揄され、派閥の弊害はいろいろあったのですが、その一方で自由な雰囲気もありました。この刺客選挙以降、党執行部や、総裁が総理大臣として君臨する首相官邸の力が強まり、「政高党低」と言われ、国会の権威の低下が進んだように思います。

この時、私は自民党京都府支部連合会の会長を務めていました。衆議院京都４区の野中広務さんは小泉さんへの反発もあり引退されていましたが、後継者の現職代議士は郵政民営化法案に反対し、刺客が擁立されます。４区の地方議員の大部分は野中さんのシンパで、刺客候補には反対です。党中央からは公認候補応援の締め付け通知が次々と来る。敵味方のような状態で、府連内の人間関係もギクシャクして大変でした。おそらく全国各地で同じような状況だったと思います。考えた末、府連会長の責任で「所属党員は自己の判断で行動してよい」との通達を出しました。結局僅差で公認候補が当選し、現職が落選したのですが、京都政界の人間関係の修復に苦労したものです。

2005年9月11日、「郵政解散」と呼ばれた衆議院選で小泉純一郎首相は大勝します。自己の信念、政策を貫くために与えられた権力、権限を駆使する小泉さんのすごさに感服しましたが、一方で、怖さも感じました。許されている権限を自己の目的のために行使する際は、矜持を持って抑制的であるのが保守の立場だからです。

自民党旧渡辺派の流れをくむ政策集団「志帥会」は亀井静香会長の亀井派になっていました。しかし亀井さんは郵政民営化に反対して自民党を離党、綿貫民輔元衆議院議長を代表に国民新党を結成して、衆議院選に臨みました。派に残ったのは亀井系の一部、中曽根康弘元首相系や渡辺美智雄元副総理系の議員のほか、派閥を頼りにしていた新人候補の人たちでした。

会長不在でも、派閥は会員の選挙を支えないといけない。会長代行だった私は選挙の応援、資金の確保、執行部との調整にあたります。

派閥には資金が十分になく、私の政治団体の資金や個人の定期預金までスッカラカンになったことを思い出します。自分の選挙区は同志の地方議員や後援会の方々に任せきりで、全国を飛び回っていました。今、思い出しても、政治生活の中で最もつらい時期でした。

小泉ブームのおかげで新人も当選し、派閥も勢力を拡大。12月14日、若手を中心とした推挙を受け、私は第４代の志帥会会長に就任します。伊吹派の発足です。

郵政民営化を実現した小泉内閣は、政府系金融機関統廃合・民営化などを目指した行政改革推進法など行革関連５法を成立させます。郵便貯金を原資とする「出口の改革」を総仕上げとして、06年９月に小泉さんは退陣しました。５年半を務め上げた余裕の引き際で、羨ましい出処進退でした。小泉さんの考え方、政治手法には違和感がありましたが、この引き際の見事さは教訓になりました。

ポスト小泉の自民党総裁選で伊吹派は官房長官だった安倍晋三さんを支持しました。安倍さんは「美しい国、日本」、「戦後レジームからの脱却」を掲げていました。後に揶揄される「お友達」のようなお付き合いはしていませんでしたが、私の保守の考えに最も近いと考えていました。9月20日の党総裁選で安倍さんは麻生太郎さん、谷垣禎一さんを抑えて大勝。総裁に選出されます。

9月26日、安倍氏は首相に指名され、第1次安倍内閣が発足しました。就任時52歳で、戦後最年少の首相となりました。

私は文部科学大臣として入閣します。入閣に際して、安倍さんから「美しい国、日本の前提として、教育改革を是非やりたい」と言われ、戦後初めての難題を託されました。

自民党・伊吹派総会であいさつする伊吹さん（中央）
（2005年、東京都千代田区平河町で）

第5章　幹事長時代　ねじれ国会の苦労

安倍政権下で教育基本法を改正

２００６年９月に発足した第１次安倍内閣は当初、憲法改正に必要な手続きである国民投票法制定と教育改革を最重要課題としていました。教育改革の原点として、安倍さんから是非にと頼まれたのは、教育基本法の改正でした。

教育基本法は日本で初めての「基本法」で、憲法の理念の具体化をうたう特殊な法律。憲法と同じく前文があり、全ての教育関係法制の根本法であることから、「教育の憲法」と呼ばれています。

ＧＨＱによる占領統治下の１９４７年に制定された当時から、戦前の国家主義的教育への反省もあったでしょうが、個人や個性重視に偏りすぎ、公共の精神や規律、道徳心が軽視されていると言われました。自民党は日本の伝統や文化に根ざした日本人の育成を重視する改正を目指し、歴代内閣で度々議論してきましたが、その度に野党や左派陣営から「軍国主義の復活だ」などと激しく攻撃され、改正できずにいました。

小泉内閣で、教育の理念として「公共の精神」、「伝統」の尊重や、「我が国と郷土を愛する」という表現で愛国心の養成も盛り込んだ改正案を国会提出しましたが、野党側の徹底抗戦で継続審議になっていました。

私は野党の協力も必要だと考えました。与野党の先輩に野党のキーマンを尋ねると、異口同音に民主党参議院議員会長の輿石東さんだと言われる。輿石さんと何度か会って話してみました。教員ＯＢの輿石さんは「タフネゴシエーター（手ごわい交渉相手）」でしたが、話し合いを重ねると、「俺は日教組と言われるが、教員も国民、国を愛さぬ教員はいない。愛される日本をつくることが大事だ」と言われ、賛否はともかく、審議には応じてくれるようになりました。

文部科学省の職員にとっては、戦後教育制度の大きな転換点になるので、皆やる気満々で、省内にはある種のエネルギーが充満していたように思いました。特に若手の課長や課長補佐は、国会の質問取りや答弁作成が毎日深夜にまで及んで大変だったと思いますが、朝早くから、私を交えて答弁原稿の読み合わせもしました。その時、一緒に苦労したメンバーとは、今も同窓会的なお付き合いが続いています。

事務的な作業の労をねぎらう意味もあって、答弁書は丁寧に読みましたが、教育基本法改正の根幹は、日本のあり方、国民像に関わります。言わば価値観、政治理念に基づくものなので、そうした部分の大臣答弁は、原稿なしで私の考えを述べ、質問者の価値観を逆に質《ただ》したりもしました。

教育基本法には、戦前の公権力が教育に干渉したことへの反省から、「教育は、不当な支配に服することなく」（第16条第1項）として、外部の圧力から中立であるべきとの趣旨を明記していました。野党からこの点は何度も質問を受けました。私は「政党政治、議院内閣制の下で、政府が教育内容に干渉するのは不当な圧力だが、国会で決められた法律に基づく教育内容を一部の教職員組合の方針に従って、教育現場で教えないことも、不当な圧力・介入になると思う」と答弁しました。混乱なく議事は進みましたが、後で文科省の局長たちから「ヒヤヒヤしながら聞いていました。できるだけ抑えて答弁してください」などと、たしなめられたのを覚えています。

輿石さんとは、話し合いを通じて信頼関係もできたので、輿石さんの主張にも応えて、教育の質向上に必要な教員定数増を図りました。これが契機となり、教員定数は毎年度増えることになります。12月15日、改正教育基本法は参議院本会議で成立しました。

輿石さんとはその後も政局の節目節目で対峙することがありましたが、お互いの人格を尊重し、立場は違っても人間的な信頼感で話し合える関係でした。政策は知識がないと立案できないが、その政策の実現は与野党を超えた人間関係だという金丸先生から学んだことはこういうことだったんだと思いました。お互いに議員引退後の現在も親しくお付き合いさせて頂いています。

教育基本法は教育関連の諸法律や制度の基本法なので、改正に基づき、学校教育法など多くの法改正が必要になり、教科書検定基準の見直しなど、多くの作業が待ち構えていました。安倍首相は内閣に教育再生会議を設立し、法律や制度改正、それらに伴う予算措置などをバックアップしてくれました。道徳教育の正式な教科化などはその財産です。

学習指導要領の必修時間どおりの授業をしてない未履修問題、「いじめ問題」にも取り組みました。学校でのいじめを苦にした自殺が相次ぐ深刻な状況に、私は「文部科学大臣からのお願い」として、「いじめは恥ずかしいこと。いじめられている君は一人ではないから相談しよう」と、私の思いを手紙にして、全国の学校に届けました。地方の小学校に視察に伺った時、その手紙が教室に張り出されていて、うれしく思ったことを覚えています。

２００７年７月29日の参議院選で、自民党は惨敗しました。

第１次安倍内閣は、教育基本法改正、国民投票法成立など、政策面で大きな仕事をしました。しかし、国民の支持は、目先の個人的損得に左右されがちです。年金支給漏れなどの「消えた年金問題」が批判されます。そこに不祥事、問題発言などで閣僚辞任が続々と重なります。内閣支持率、自民党の支持率も低下する中で、参議院選を迎えました。自民党は敗北し、参議院では野党が過半数を占めるねじれ国会がまた始まりました。安倍さん

参議院本会議で教育基本法改正案が可決され
一礼する伊吹さん（2006年12月15日）

は、内閣改造、党役員人事で立て直そうとします。参議院選直後に安倍さんと話した時は、「参議院選挙は総理大臣を指名する政権選択の選挙ではないので」と言い、続投の意欲を持っておられました。改造内閣では引き続き文科大臣をお願いしますと言われ、初閣議も粛々とこなしていたのですが、所信表明演説の直後に、健康上の問題で辞意を表明しました。

9月26日、福田康夫内閣が発足します。

この時の総裁選は、安倍さんの突然の退陣に伴うものなので、国政の混乱を避けるためにも、迅速に、無難な後継首班を選ぶべきと考え、伊吹派・志帥会は福田康夫元官房長官を推しました。総理・総裁となった福田さんから難しい役目を頼まれることになります。

「大連立構想」頓挫

自民党総裁となった福田康夫さんは、幹事長に私を指名し、2007年9月24日、党総務会で正式決定します。森喜朗元首相から「福田さんをくれぐれもよろしく頼む」と言われました。森さんは初当選の時以来、福田さんのご尊父の福田赳夫元首相の派閥に属しておられたので、ご尊父のご恩を大切に思い、ご子息のことを気遣っておられる配慮に感心したものです。ただ、衆参ねじれ国会の下で、福田総理の我慢が限界を超え、切れてしまわぬようにとの心配でもあったことが、後々にわかります。

自民党では総裁は首相になるので、国会運営、選挙などの党務は幹事長の責任。参議院選敗北により、野党が参議院の多数を占める「ねじれ国会」で、大変な時期の幹事長だなと覚悟しました。当選同期の大島理森《ただもり》さんが国会対策委員長、町村信孝さんが官房長官で、お互いに助け合って、福田政権を支えることになります。町村官房長官は内閣の政策を、その時々に連絡してくれました。大島国対委員長は連立を組む公明党や野党にも人脈があり、誠意をもって国会対応に動いて頂き、助けられたものです。

臨時国会でまず直面したのは、海上自衛隊のインド洋での給油活動継続問題です。テロ対策特別措置法が期限切れとなり、新テロ特措法案を成立させる必要がありましたが、国会は「ねじれ」で動かない。難局を乗り切るために浮上したのが大連立構想でした。

関係者の方々がすでにお話しされているので、私も可能な範囲で証言します。福田さんには読売新聞社の渡邉恒雄主筆から「この政情で国会が混乱していては国益を損なうので、与野党協力、連立を考えては」という打診があったそうです。民主党の小沢さんとは事前に調整しておられたようです。党首会談前に、福田さんから「連立に民主党が乗り気なので、小沢さんに会ってみる」と言われました。森元首相から「党内をまとめてもらいたい」という話もありました。私は小沢さんが関わった、かつての金丸副総裁辞任劇、渡辺美智雄首班擁立騒動を思い出し、「民主党内で合意はできるのですか」と懐疑的でしたが、ねじれ国会を乗り切りたいとの福田さんの気持ちは痛いほどわかっていました。

福田首相と小沢代表は10月30日、11月2日の2回の党首会談で民主党を入れた「大連立」で一致しました。

党首会談には、私と民主党の鳩山由紀夫幹事長が同席しましたが、小沢さんは「二人だけで話したい」というので、私と鳩山さんは席を外しました。党首二人の会談になり、会談終了後、福田さんは「合意しました。持ち帰って返事をするとのことです」と笑顔でした。しかし、結果は危惧したとおりで、民主党内の反対により、この話は終わりました。

その後、小沢さんから福田さんに何らかの連絡、党内調整の不手際についての謝罪があったのか、福田さんは何も話さないのでわかりません。私のカウンターパートの鳩山幹事長から私には、連絡が一切ありませんでした。後々、当時の民主党役員会の模様を話してくれた人によると、積極的に賛成する人は誰もいなかったそうです。自民党は役員会で総裁一任を得て、党首会談に臨んでいました。これでは民主党は組織政党としての体をなしておらず、今後の対話や交渉はできないなと覚悟したものです。

ねじれ国会の混乱

大連立構想が頓挫し、小沢さんは対決姿勢に転じます。臨時国会は延長で異例の越年国会となります。２００８年1月11日、新テロ特措法は参議院で否決された後、衆議院の３分の２以上の多数で再可決することで成立しました。再可決は57年ぶりでしたが、成立までに特措法が期限切れとなったため、海上自衛隊艦艇は一時的に帰国しました。成立後、再派遣しましたが、法律の期限切れなどという他国に説明できないような国内的理由で給油活動を中断したことで、国際的な信頼を損ないました。

新テロ特措法は国際的枠組みの中での日本の役割を果たすための法律だったので、国会の一連の混乱は、福田さんにとって大変な心労であったと思います。私は、幹事長に就任した時の森さんの言葉を思い出し、週1、2回、夜に総理公邸の裏口から、公明党の太田昭宏代表と一緒に福田さんを訪ねました。福田さんの心労をねぎらい、懸案やよもやま話をしていました。福田夫人には何かとご迷惑をかけ申し訳なかったと思います。

毎回、笑顔で同行してくれた太田さんは、この会合のことを一切外に漏らさなかったので、一度も記者に見つかることもなく、報じられることもありませんでした。以来、太田さんとは信頼できる友人として交流が続いています。

ねじれ国会を利用した小沢民主党の攻勢はまだまだ続きます。衆議院で再可決ができない国会同意人事で、日銀総裁が決まらず、空席になる戦後初の異常事態にもなりました。

次に民主党が仕掛けてくるのが、道路特定財源問題です。現在では制度は変わっていますが、当時の道路整備財源は、田中角栄さんらの考えで、ガソリン税に上乗せして賄われており、この上乗せ分の税率は暫定税率となっていて、毎年の税制改正法で国会議決を必要としていました。従って、年度末の３月31日までに税制改正法が成立しないと、暫定税率で課税できなくなり、税収が減る、つまり道路財源が減る、逆にガソリン価格は安くなり、税制改正法が成立すると、暫定税率が復活してガソリン価格が引き上げられるという混乱が生じます。

小沢民主党はここに目を付け、衆議院での税制改正法案の審議をできるだけ混乱させ、衆議院通過を引き延ばします。参議院の審議も引き延ばして、年度末を越えて引っ張り、４月１日以降に暫定税率の空白期間を作ろうとしていたのです。憲法59条の規定に基づいて、衆議院から参議院に送付されて、60日以内に議決されない場合には、参議院が否決したものと見なして、衆議院で再議決できる「60日ルール」があります。年度末を越えて暫定税率は期限切れになりますが、税制改正法案の参議院送付から60日後に衆議院で再可決すれば、暫定税率が復活する。ガソリン価格は一時的に下がって、また上がるという乱高下になり、国民生活に甚大な影響を与えます。

こんな党利党略的戦法を封じるため、自公両党は、議員立法で「国会がガソリン税の暫定税率について、３月31日までに結論を出さない場合は、４月１日以降、前年度の税率が適用される」とする、暫定税率延長の「つなぎ法案」を提出します。1月中に衆議院で可決し、参議院のサボタージュによって放置されても、60日ルールによって年度末の前に衆議院で再可決して、混乱を回避しようとしたのです。

当時、民主党担当記者を通じて「伊吹が小役人のような法律を作りやがって」という民主党幹部の非難の声が聞こえてきました。民主党はつなぎ法案に反発し審議を拒否し、事態打開のため衆参両院議長に斡旋《あっせん》を依頼しました。河野洋平衆議院議長、江田五月参議院議長連名の斡旋案は「ガソリンの暫定税率については、国会は3月31日までに一定の結論を得る」という内容でした。

この斡旋案を受け入れるか否か、民主党は約束を守ると信頼できるのかなど、党内でも意見は分かれました。ただ国権の最高機関である国会の議長の斡旋を受け入れないのは、議会制民主主義を軽んずることになるという筋論があり、この斡旋案を受け入れて、いったん提出したつなぎ法案を取り下げ、国会審議は再開しました。

しかし、税制改正法案が参議院に送付されてから、審議は止まり、遅々として進まなくなります。再三にわたり、両議長、特に法案の審議が止まっている参議院議長に申し入れたのですが、議長は出身政党の民主党への遠慮なのか有効な手を打てず、斡旋案は民主党に無視されました。新年度の４月１日から暫定税率は失効し、その後、ガソリン価格は乱高下しました。この時ほど、国会の権威が失われ、議長、特に参議院議長の軽さを痛感したことはありません。後年、私が議長を務めた際は、この時のことを忘れず、内閣や各党に対し、国会の権威と立場を認識してもらうべく心掛けました。

第6章 民主党政権とポピュリズム

自民党初の歴史的大敗

2008年6月11日、参議院で民主党などが提出した福田首相問責決議案が可決されました。

首相問責決議可決は憲政史上初めてでした。国会閉会後の7月31日、久しぶりに選挙区の京都に戻っていました。夜になってから、「相談したいことがあるので、至急戻ってほしい」と福田さんから携帯電話に連絡がありました。予定をキャンセルして新幹線に飛び乗り東京にUターンし、急ぎ首相公邸に駆けつけました。

すでに深夜になっていましたが首相公邸を訪ねると、福田さんから「この際、党役員と内閣を一新したいので協力してほしい」と言われました。「ご判断通り、おやりになればば」と応じると、「内閣で協力して頂きたいが、希望はありますか」と言われ、財務大臣に就任することになりました。

8月1日、福田首相は内閣改造を発表しました。初閣議で首相官邸に行くと、閣僚応接室で財務相の私はナンバー2とされる首相の左隣の席でした。右隣は政調会長から国土交通相になった谷垣禎一さんです。当選回数の多い先輩もいるので何かの間違いと思い、町村信孝官房長官に確認すると、「いいの、いいの。総理が了解しているから」と言われました。

福田さんが内閣改造前に党役員だった谷垣さんや私を入閣させて、なぜこの席順に置いたのかわかりませんが、ねじれ国会で苦労した戦友への餞《はなむけ》なのかなと考えたりしました。しかしその後、改造からわずか1か月で福田さんが退陣を表明されます。内閣発足時に森さんから言われた言葉を思い出し、幹事長時代のようなサポートが、閣僚の立場では充分にできず申し訳なかったと思いました。

福田首相は北海道洞爺湖サミットを成功させ、内閣改造で政権浮揚を図ろうとしましたが、なかなか思うようにいかない。公明党は経済対策で「定額減税」を要求しましたが、私は反対。福田さんも慎重でした。幹事長の麻生太郎さんから、定額減税受け入れで公明党と合意したと、与謝野馨経済財政相が連絡を受けます。与謝野さんの呼びかけで、官房長官の町村さん、私の３人で協議しました。町村さんが連絡すると、福田さんは「本当ですか」と驚いた様子だったそうです。与謝野さんは「定額減税は給付金と同じバラマキじゃないか」と憤慨していましたが、「公党間の約束は守らなければ」「これが政治かね」などと、３人の話はぼやきのような寂しい雰囲気でした。その時は、自民党の力が落ちたなと思う程度で、１年後に野党に転落するなどとは思い及びませんでした。

そんな問題があった後、９月１日早朝、福田さんから電話で「今日辞めるので」と言われました。内閣改造から１か月、なぜ今なのかと残念な思いが強くありました。

私の財務大臣在任は１か月で終わりました。就任時には、財政規律を回復するために、経済再生、歳出合理化、必要な増税の３つをやろう、必ずしも国民に歓迎されないだろうが、政治生命をかけてやろうと意気込んでいただけに肩すかしの感じが拭えませんでした。

初閣議に臨む福田改造内閣。
福田康夫首相（中央）、伊吹文明財務相（右）、谷垣禎一国土交通相
（2008年8月2日、首相官邸で）

保守思想の父とされるエドマンド・バークに「国家とは過去・現在・未来の三世代の共同体」という趣旨の言葉があります。現在を生きる国民が受益するサービスの負担を避け、国債に財源を求めれば、国債の償還と利払いは、未来の納税者の負担になります。つまり、未来の納税者の財源を先に使ってしまい、税の使用権を奪うことになるので、共同体の現在の国民はそのようなことは避けるべきというのが保守の論理であり、私もそう考えています。

２００８年9月1日夜、福田首相は首相官邸で記者会見し、退陣表明しました。24日、後継の麻生内閣が発足します。

短い財務大臣時代のもう一つの思い出は、リーマン・ショックに苦しむ米国との協調のため、金融危機の引き金でもあった米国住宅公社債を外国為替特別会計のドルで買い入れては、という財務省幹部の提案に駄目を出したことです。外国為替特別会計の持つ資産である外貨準備は、為《ため》券と言われる短期債券で調達した資金で買い入れているので、危険の少ない流動性の高いものであるべきと先輩方に教えられていました。当時、財務省の中堅幹部であった後輩が、後々、国際金融を担当する最高幹部である財務官になってから話した時、「我々は当時、大臣と同じ考えでした」と述懐していました。組織の意思をどうつかむのか、難しいものだと思いました。

米証券大手リーマン・ブラザーズの経営破綻で、世界的な金融・経済危機「リーマン・ショック」が起きていたことから、麻生内閣は経済対策と衆議院解散戦略の狭間で苦しみます。中川昭一財務相の辞職問題などで追い込まれ、任期満了近くの解散、総選挙で大惨敗します。

自民党、野に下る

衆議院任期満了近くの２００９年８月30日の衆議院選で、自民党は１８１議席減の１１９議席という歴史的惨敗を喫する。１９５５年の結党以来初めて衆議院第１党の座を明け渡した。公明党も太田昭宏代表ら小選挙区８人全員が落選し10議席減の21議席に終わった。民主党は３０８議席の大勝で、第１党となり、政権は交代し、９月16日、鳩山由紀夫内閣が発足した。

私もこの選挙の小選挙区で生涯初の敗北となり、比例復活当選という屈辱を味わいます。あの時のスローガン選挙、ポピュリズムの勢いは、自民党の従来の組織選挙ではなかなか止められなかった。ほとんど日常活動もしていない候補者が民主党公認となり、「無駄さえ省けば何でもできる」と叫んで、次々と当選してきました。これと似たような風潮の選挙は過去にも何度かありました。日本新党等の「政治改革」、小泉内閣の「構造改革に反対する者は抵抗勢力」などなど。そして、最近では、日本維新の会による「身を切る改革」がそうでしょう。スローガンだけでは、現実は何も進みません。しかし、スローガン政治に国民が支持を送り、溜飲《りゅういん》を下げる原因が自民党や与党側にあることを忘れては、スローガン選挙を批判しても、ポピュリズムの勢いは止まらないことを肝に銘じておきたいものです。

メディアからは「10年間は政権に戻れない」などと論評され、党内は呆然自失、離党者が相次ぎます。火中の栗を拾って、谷垣禎一さんが総裁になります。谷垣さんの派閥「宏池会」（古賀派）会長の古賀誠さんが党内に丁寧に支持を要請されていた姿勢に感心したものです。

谷垣さんは党則を変更して「政権構想会議」を設置、自ら議長となり、私は会議を取りまとめる座長を要請されます。党幹部のほか、各派閥や当選回数、男女のバランスを考えてメンバーを構成。地方議員の代表にも入ってもらいました。

11月、政策集団「志帥会」伊吹派にも変化がありました。保守党から自民党に復党した二階俊博さんは政策集団「新しい波」二階グループを率いていました。二階グループは志帥会と同じく東京・平河町の砂防会館に事務所を置いていました。二階さんとは当選同期、二人で話し合い、二階グループの衆議院1人、参議院2人の計3人が志帥会に合流することになりました。二階さんには会長代行をお願いしました。後々、私の衆議院議長就任に伴い、二階さんに会長をお願いし、今の志帥会・二階派となっています。

政権奪還に向けて

２００９年10月、自民党の政権奪還戦略を検討する「政権構想会議」は始動します。座長の私はまず、選挙の公認候補者の選定、公募制導入などの党運営について、次に党の基本理念について勧告をします。勧告に基づいて、自民党の再出発、党のイメージ一新のために、綱領を作り直す作業に入りました。改正綱領は10年1月、党大会の満場一致で決定されました。

綱領は、いわば政党の「憲法」です。党の理念、政治姿勢、基本政策、目指すべき国家像を示すものですが、保守とリベラルが混在する従来の自民党から再出発し、政権奪還に向けて民主党との対立軸を意識して保守色の強いものになりました。「常に進歩を目指す保守政党」を掲げ、「時代に適さぬものを改め、維持すべきものを護り、秩序のなかに進歩を求める」と宣言。新憲法制定などを明記しました。

今から読み返すと、リベラル色の強い民主党を意識しすぎたと思う点も多くあります。ただ、民主党のバラマキを念頭に、次の世代が納める税の使用・配分権を奪う国債発行を抑え、財政規律を維持することなどは、今も大切な視点だと思うのですが、最近の自民党はこの党綱領をどう考えているのかと思わざるを得ないのは残念です。

谷垣執行部はこのほかにも、党のイメージ一新、立て直しのための様々な努力を打ち出します。一つは車座対話で、従来の自民党が足を運ばなかった山間僻地《へきち》や小さな団体との対話によって、小さな声にも耳を傾けるという姿勢を示す集会です。谷垣さんの発意だったそうですが、野党に転落し、100人と少しになった自民党衆議院議員、次期立候補予定者、参議院議員の全員が全国各地で集会を行いました。私も小さな団体との集会で、「次は必ず1票入れますよ」と言われ、手応えを感じたものです。2012年に政権復帰後、自民党安定政権が続いていますが、与党になってから議席を得て、野党時代を知らない方々にも気を引き締めて政治活動をしてほしいと思います。

もう一つは候補者の公募制導入です。当時の党衆議院議員は100人強になったので、200近い空白区がありました。落選した人の中には自民党に見切りをつけて他党に移る人も多く、自民党からの立候補を希望する人も少なかったので、苦肉の策の一面もありました。公募制は功罪相半ばする結果になります。外見や学歴、社歴の素晴らしい人が選ばれがちで、選挙区の方々や地方議員の先生との折り合い、人間関係がうまくいかなかったり、時に週刊誌でスキャンダルのネタになったり、失敗もありました。候補者が足りない政党が「出たい、出たい」という人を候補者にして、いろいろな失敗から粗製乱造と批判されているのと同じ失敗が、当時の自民党にもあったのです。一番大切なのは、人としての魅力、他の人とうまく折り合える性格、自己抑制できる人柄なのだと教えられました。

２０１０年6月2日、米軍普天間飛行場移設問題を巡る混乱などで鳩山首相は退陣表明しました。８日、菅直人内閣が発足します。7月11日、参議院選で民主党は大敗しました。参議院で過半数を失い、野党が多数のねじれ国会になりました。

民主党の政権担当能力の未熟さが露呈し、「無駄さえ省けば何でもできる」というスローガンは行き詰まる。沖縄の基地問題が示したように、安全保障、日米同盟は危機的な状況となりました。

メディアでも批判されましたが、沖縄の米海兵隊について、「（政権に就いて）学べば学ぶほど、抑止力にとって大切なのだと思い至った」という鳩山首相の発言は、安全保障に関する知識・理解不足を露呈し、国民はあぜんとしました。菅首相に代わりましたが、政権を担ってもらう危うさは明らかでした。その政党になぜ選挙で負けたのか、反省と政権復帰努力のための臥薪嘗胆《がしんしょうたん》の日々でした。

2011年3月11日、東日本大震災が発生。巨大地震と津波により、岩手、宮城、福島3県を中心に広い範囲が甚大な被害を受け、福島第一原子力発電所事故も起こった。

東日本大震災、福島第一原発事故への対応などで民主党への批判はさらに強まります。相対的に自民党への支持率は上昇しました。ただ、震災復興を賄う復興債を臨時増税で償還していくため、国民に負担を適正に求めた民主党政権の姿勢を私は評価していました。今度は民主党の輿石さんの要請を受け、復興法案に私も協力したことを覚えています。自民、公明両党も関連法案成立に協力し、菅首相は退陣します。

２０１１年９月２日、野田佳彦内閣が発足しました。

消費増税5％から10％へ

野田内閣は消費税を引き上げる社会保障・税一体改革法案を提出します。特別委員会を設置することになり、野党側責任者の特別委筆頭理事を務めます。自民党執行部の要請を初めは断りましたが、森喜朗元首相がわざわざ訪ねてこられ、「党のために」と言われて引き受けました。メディアには「幹事長経験者の異例の起用」などと報じられもしました。

民主党の公約違反である消費増税法案で協力することへの反対意見は、自民党内に根強くあり、民主党内でも小沢一郎さんたちのグループが法案に反対していました。小沢グループが反対しても、自民党が賛成すれば法案は成立する。私は社会保障を賄うための社会保険料は所得比例なので、長寿社会でこれに頼ることは勤労意欲や社会の活力を低下させることになる。全ての人が受益者となる社会保障財源は、全ての人が消費代金に応じて負担する消費税も必要だと考えていました。この政策目標と同時に、野田内閣が提出した消費増税法案を採決に持ち込めば、小沢さんのグループが反対し、民主党は分裂し、解散・総選挙、政権復帰につながるとも考えていたのです。もちろん、この政局判断、政略的目標は、ほとんどの人には話しませんでした。

「民主党の責任で消費税を引き上げさせれば、自民党にとっても損はない」という説明だけでは自民党の反対は収まらず、「『無駄さえ省けば何でもできる』と言っていた公約違反の増税だから、内閣不信任案を提出すべし」という意見のほうが強かった。しかし不信任案を提出したら、小沢グループも反対して否決され、内閣信任となり、チャンスを逃がすと思い、やきもきしながら党内の説得に努めていました。23年6月に亡くなられましたが、元参議院議員会長の青木幹雄さんは「消費税は竹下内閣で導入したものだから」と賛成し、激励してくれました。青木さんの竹下さんへの思いの強さが私を勇気づけてくれました。

石原伸晃幹事長と相談し、特別委の運営だけでなく、この法案の国会対策、民主党対応を全て任せてもらいます。谷垣さんも不信任案提出ではなく、消費増税を含む一体改革関連法案に賛成し、民主党分断に賭ける決断をしてくれました。一方、党分裂を避けたい百戦錬磨の輿石東民主党幹事長は、採決未了、継続審議に動いていました。私はひそかに野田首相に「自民党は賛成する」という方針を伝え、採決の決断がゆるがないよう努力しました。

12年6月26日、衆議院本会議での採決で小沢グループは反対しました。舞台は参議院に移り、私は「ドラマは参議院で始まる」と話していました。8月8日、野田さんは自民、公明、民主の3党首会談で、「近いうちに国民に信を問う」と述べて、解散総選挙に踏み切る決意を示し、自公民3党は法案成立で合意しました。8月10日、参議院本会議で自民、公明、民主党の大半の賛成多数で消費税の5％から10％への引き上げ法案は成立します。社会保障財源としての現在の消費税率10％の出発点です。小沢グループは離党し、新党を結成しました。民主党の分裂で、自民党内には、いよいよ解散総選挙、政権奪還に向けた活気がよみがえります。

野田さんは、国民の反対を怖れ自民党が避けてきた消費税の引き上げを、日本の将来のために立派に実現されました。そのために党は分裂、政権を失うことになり、個人的には申し訳ないとの思いが今もあります。政治家としての野田さんは立派な方と思い、今も敬意を払っています。

政権復帰の光が見えてきた時に、谷垣さんの自民党総裁任期がきます。谷垣さんは皆が意気消沈している時に総裁を引き受け、党のイメージ刷新に努力し、参議院選を勝ち抜き、民主党分断により政権奪還への道を開いた功労者です。順当なら再選されるのが当然なのですが、総裁立候補に必要な推薦人集めが難航するなどで、結局、立候補見送りとなりました。最初、立候補された時に強く支持していた宏池会などのグループ内で何があったのかは窺い知れないのですが、人間関係の難しさを感じました。もしこの時、政権復帰の最大の功労者谷垣さんが総裁になっていたら、第２次安倍長期政権はなかったと思うと、人間模様の難しさが政治にも現れたのだと思います。

第7章 衆議院議長就任

自民党政権復帰　衆議院議長に就任

２０１２年９月26日の自民党総裁選は安倍晋三、石破茂、石原伸晃、町村信孝、林芳正の５人の争いとなり、決選投票で安倍さんが総裁に返り咲きます。11月14日、復活した安倍総裁と野田首相の党首討論で、野田さんが解散を宣言し、総選挙となります。

３年以上の野党時代を乗り越え、２０１２年12月16日、衆議院選で自民党は大勝します。自民、公明両党で３２５議席を獲得し、政権交代を果たしました。26日、第２次安倍晋三内閣が発足します。

総選挙後の特別国会で、私は衆議院議長に選出されました。副議長には民主党から赤松広隆さんが選ばれました。議長、副議長の任期は、国会法で、議員としての任期によると定められています。つまり、総選挙から次の解散か任期満了までです。衆参両院は選挙を通じて国民主権を預かる唯一の国家機関であり、国民主権の行使として、行政権の責任者である総理大臣を指名します。内閣の行政権行使を国民の代わりに監視・調査すると共に、予算・法律の議決権を持っています。国会は国民主権を代表するいろいろな政党で構成されているので、国会の運営は党派に偏らず、公平さが求められます。かつては例外もありましたが、慣例として第1党から議長、第2党から副議長が全会派の賛成で選出されます。私も共産党を含む賛成で選出されました。自民党員のままでしたが、国会では所属会派の自民党を離れ、公平中立の立場で国会運営にあたることになります。

最初の仕事が、安倍さんを指名する首相指名選挙でした。議長選挙と違い、各党が党首に投票しますが、自公が圧勝した総選挙の後ですから、当然、安倍さんが指名されます。

これで、総理大臣に就任するわけではありません。憲法6条により、首相は天皇陛下から任命されます。衆参両院議長が皇居に伺い、指名選挙の結果を陛下に内奏（ご報告）します。その後、前任の首相と衆参両院議長の侍立の下に、天皇陛下が総理大臣を任命されます。安倍内閣総理大臣の誕生です。その後、安倍さんは国務大臣を任命し、憲法7条による天皇の認証を得て、今度は第2次安倍晋三内閣の発足です。このように、議長の仕事は憲法と国会法に基づくものが多く、改めて法律や議院規則、国会の慣例を学び直したものです。

三権の長の中で、衆参両院議長だけは天皇陛下の任命が憲法に記されていません。それは大日本帝国憲法と違い、現憲法下では主権が国民にあるからです。主権者が主権を託した国会の投票で選ばれた議長を天皇陛下が任命されるのは、主権の存在が明確でなくなるからだと教えられます。総理大臣は主権を託された国会の指名を受けての任命だと考えると、国会が国権の最高機関と記されている意味が分かるというものです。

天皇陛下（当時）をお迎えした通常国会開会式で
衆議院議長の式辞を述べる伊吹さん（手前）（2014年1月24日）

14年6月、「1票の格差」是正のため、「衆議院選挙制度に関する調査会」設置を衆議院議院運営委員会の議決で決めました。最高裁は格差が最大2・43倍だった12年衆議院選小選挙区を「違憲状態」と判決していました。東大総長だった佐々木毅先生に座長をお願いし、人口減少区の地方代表も加えた議長の諮問機関として答申をお願いしました。後に大島理森議長への答申となり、人口比例で配分する現在の「アダムズ方式」の選挙制度になります。

ただ、小選挙区制についても長所と短所の両面があります。小選挙区になって、国民の歓心を買うために税負担を避けてバラマキを主張しながら、人の揚げ足を取ってスキャンダルを追及し、溜飲を下げさせて得票を狙う「パンとサーカス」の政治の傾向が強くなりました。憲法の基本からもう一度議論して、立法府全体、衆議院と参議院の役割も考え、選挙制度をどうするか、考えるべき時だと思います。

議長の仕事の第一は、公平な審議が本会議や各委員会で行われるよう目配りすることです。そのほかにも「全国植樹祭」や「全国豊かな海づくり大会」など天皇陛下が行幸される全国規模の大会の会長を務めるように、様々な国家行事に主権の代表者として参加します。また、外国要人の接遇や国際会議への出席などもあり、総理大臣に比べるとメディアの扱いは地味ですが、任期中は緊張した日々を過ごしていたように思います。地味ということについて言えば、議長は各党に公平・公正であるべきなので、歴代議長は極力、自説を封印しておられたようで、私にとっては、この点はなかなかつらいことでもありました。

私が心懸けていたのは、国会の権威を守ること、三権分立を大切にすることでした。かつて先輩の議長が首相官邸に総理を訪ねて批判があったことから、注意するように教えて頂いたので、安倍さんとの面会は国会内に限っていました。安倍さんは衆議院議員ですから、国会や議長公邸に来られて会うのは、三権分立上、何の問題もないのです。

私は憲法に定められているように、国民の総意に基づく「日本国の象徴であり日本国民統合の象徴」である天皇と皇室に尊崇・敬愛の念を持っています。ただ、憲法上、内閣総理大臣と最高裁判所長官、三権の長の二つが天皇の任命であるのに対し、衆参両院議長はそうではないことを踏まえて、対応、行動してきました。

議長になった時、先輩から前尾繁三郎、保利茂、灘尾弘吉の三代の議長時代をよく勉強しておくといいと言われました。そこで、解散権のあり方を記した保利文書というものを読みました。文書には、憲法69条は内閣不信任案が議決された時、国会と内閣のどちらを是とするか、国民に問う解散権を認めている。それ以外で、憲法7条の天皇の国事行為を根拠に解散権を行使するのは限定的であるべきと記されており、予算案や日本の国益に関わる重要課題などで国会が政府案を否決した場合の解散などを例としていました。

従来も、憲法7条による解散は、本音の話として、選挙に有利な時期の解散がほとんどでした。しかし、保利文書にあるような良識がいくらか残っていて、ブレーキになっていました。解散の大義について、苦しい説明をすることもあったように思います。しかし小泉内閣の郵政解散以降は、党略的解散をメディアまでが得々と解説し、肯定するような雰囲気があり、議会制民主主義や三権分立のあり方からみて、いささか心配になります。特に小選挙区の公認権を握る自民党総裁である総理大臣の力が強くなりすぎることは、議会の権威の低下を招きかねない。中選挙区時代の保利文書はこうしたことを見据えておられたのかなと感服したものです。

14年11月、安倍首相が消費税率の引き上げ延期を理由に解散総選挙をしようとした際、私は議長として、「まず引き上げ延期の法案を国会に出すのが筋ではないか。それが否決されたら解散して国民に聞けばよい」と話したのも、保利文書を読んでいたからです。しかし慣行として７条解散が繰り返されており、法解釈の最大のポイントは現実の積み重ねで、最後は内閣の「助言」どおりとなりました。

14年11月21日、安倍首相は衆議院を解散し、12月14日、衆議院選で自民党は大勝します。私が解散詔書を読み上げ、「衆議院を解散する」と言ったところで、議場から「万歳」の声が上がりました。しかし、私は続けて「御名御璽《ぎょめいぎょじ》　平成26年11月21日　内閣総理大臣安倍晋三」と最後まで詔書を読み終えてから、「万歳はここでやってください」と注意しました。７条解散は天皇の国事行為だからです。懸念していた通り、選挙戦で消費税延期の是非は、ほとんど議論になりませんでした。

12月の特別国会で当選同期の町村信孝さんが後任となりました。ただ、残念なことに、町村さんは体調を崩し、在任わずか１１９日で辞任され、15年６月１日に逝去されました。町村さんの後任は、これも当選同期の大島理森さんでした。大島議長の指名で、私が町村さんの追悼演説を衆議院本会議で行いました。昭和58（１９８３）年当選五八会の同期の議長の下で、同期を送る演説をする縁《えにし》に涙したものです。

天皇陛下の生前ご退位により平成から令和へ

2016年8月、天皇陛下（現・上皇陛下）は、生前退位のお気持ちのにじみ出るお言葉を国民に告げられます。陛下のお歳や日々のご苦労を知っている国民の多くは、このお気持ちを支持する雰囲気です。一方、明治の立憲国家以降、憲法と皇室典範は生前退位を認めていません。明治憲法の制定に尽力した伊藤博文の『憲法義解』によると、かつての幕府の介入など、時の政治権力によって、皇統が乱れることを防ぐためと記しています。終戦直後にも日本国内で昭和天皇退位論があったと言われています。私見ですが、この時に天皇の地位がゆるがなかったのは、伊藤の先見性にも助けられたと思います。

陛下は戦後の国難を国民と同様に経験され、新憲法下の教育をお受けになっておられます。憲法に定める「日本国の象徴であり日本国民統合の象徴」としてのお立場、そのためのお務めは何かを問い続け、努力してこられたのは、国民のよく知るところです。戦争や災害の犠牲者、弱い立場の人たちに心を寄せられ、同じ目線で接してこられた。そのご心労を国民は十分理解していました。私も議長として皇室行事に参加したり、地方への行幸啓にお供したりする度に、そのような場面を拝見していました。

宮内庁を含め行政の責任者である安倍さんが、判断に苦しんだことは容易に想像できます。たまたま、私が皇室や宮内庁の立場を考える非公式の議員の集まりの座長であったからでしょう。相談があり、安倍さんと話した時に、ご退位のことが話題になりました。私は「保守とは伝統を守りつつ、新しいものを伝統に加えるものだから、安倍さんが決断しなければならない。憲法によると、天皇の地位は、主権の存する国民の総意に基づくとあるので、国民の主権を預かる衆参両院の議長とよく相談されたら」という趣旨を話しました。

産経新聞の取材に応じ、私のこの考えが記事となりました。衆議院議長だった大島理森さんがこれを読み、連絡をくれました。「『国民の総意に基づく』のだから国会で反対があってはいけない」と話したことを覚えています。衆参両院議長の努力もあり、17年6月、天皇の退位等に関する皇室典範特例法が成立します。国会で示された国民の総意に基づき、30年の平成の御代は令和にかわることになります。

新しい天皇の下での元号の扱いも問題になりました。立憲君主制になった明治以前も含め、新元号は新天皇の時代に宣せられてきました。今回は生前のご退位に加え、国民生活に影響する多くの分野で書類や契約書などの準備もあり、ご退位前に元号を確定してほしいという要望が強くありました。政府の事務方もおおむね、この考えでした。一方、安倍さんを支持し、支援してきた議員や伝統を大切にする団体からは、元号を公布する日付は新天皇即位の日とすべきとの強い抵抗がありました。

安倍さんから相談があり、私は「元号公布の政令をあらかじめ閣議で決めておき、公布の日は新帝即位の日付とする」という案を、安倍さんに話したと記憶しています。いろいろなやりとりがありましたが、結局、新天皇ご即位の1か月前に、法律的には新元号が決まるという、日本の歴史上異例の事態となってしまいました。

この頃、2017年8月の内閣改造の前に、安倍さんから思わぬ打診を受けました。「森友学園」「加計学園」問題で批判されていた安倍さんから、「文部科学大臣として、文科省を立て直してほしい」と言われました。助けてあげたい気持ちもありましたが、総理大臣を指名する衆議院の議長経験者が総理大臣の任命で閣僚になっては国会の権威を損なうと考え、お受けできないと答えました。安倍さんも笑顔で「そう言われると思いました」とあきらめてくれました。

天皇陛下のご退位、皇太子殿下のご即位、新元号の決定と、行政上の準備は粛々と進行します。並行して天皇陛下御即位三十年奉祝委員会と新天皇の御即位奉祝委員会が設立され、民間主導で祝賀行事の準備が進められます。順序として、まず今上陛下のご即位30年の奉祝式典です。天皇の地位は国民の総意に基づくと憲法で定められているので、日本商工会議所会頭だった三村明夫さんが会長を務める奉祝委員会と、国民の主権をお預かりする衆参両院議員の有志からなる奉祝国会議員連盟が共催で準備を進めました。皆様の推挙で私は議員連盟の会長を務めることになります。

私たちが準備していたご即位30年の奉祝式典に先立って、政府主催の式典がありました。その際、天皇陛下のお言葉の中で、「日本は四方を海に囲まれた島国として比較的恵まれた形で、独自の文化を育くんできました」とのご趣旨の一節がありました。日本人の生き方すなわち文化こそが、私たちが大切に後世に伝えるものだと改めて自覚したものです。

平成31（2019）年4月10日、全国から1800人が参加し、国立劇場で「御即位三十年奉祝感謝の集い」が開催されました。両陛下のご成婚からちょうど60年の日でした。私と三村さんの式辞に続いて、安倍総理大臣や各界を代表して、京都大学iPS細胞研究所所長の山中伸弥教授、タレント・映画監督の北野武さんらが祝辞を述べました。第2部「祝賀コンサート」では、MISIAさん、松任谷由実さん、ゆずのお二人の3グループが祝賀演奏し、とりわけ、天皇皇后両陛下の御製と御歌に曲を付けさせて頂いた奉祝曲「御旅《おんたび》」が演奏されると、平成30年間への様々な思い、感謝もあって、会場は大きな感動に包まれました。

畏れ多いことですが、上皇陛下は私より少し上の世代であられるので、学童疎開をご体験になり、終戦後、帰京されて東京の惨状を目の当たりにされたと思います。食糧が乏しく、貧しい戦後は、宮中においても同様だったのは、多くの側近の日記から窺えます。戦中戦後のご体験の上に、新憲法下で即位され、自ら述べておられるように「日本国と日本

天皇陛下の即位を祝う国民祭典。
左が伊吹さん、右は安倍首相（2019年11月9日、皇居前広場で）

国民統合の象徴」とはいかにあるべきかを常に考えつつ、歩まれた30年であったと拝察し、心より感謝申し上げたいと思います。

お許しを頂き、いくつかの思い出を記したいと思います。衆議院議長時代、国会審議状況をご報告する「内奏」に伺った時、お住まいの御所からご公務の場である宮殿まで、ご自分で古い小型車を運転され、お出ましになりました。常に国民と同じ目線、同じ立場にあられるお姿に感銘を受けました。

またお住まいの御所にお伺いした時は、恐縮し拝辞しても、門口まで見送って頂きました。自分は事務所や自宅を訪ねて来られた方々に、全てこのような態度で対応していたかと思うと、ただただ恥じ入るばかりです。

２０１９年4月30日、天皇陛下（第１２５代、御名・明仁《あきひと》）は退位され、平成は幕を閉じました。５月１日、皇太子徳仁《なるひと》親王殿下が第１２６代天皇に即位され、令和が始まりました。

令和元年５月１日から、即位に伴う一連の儀式が行われます。中でも印象的だったのが、

10月22日の即位礼正殿の儀でした。外国元首、使節をはじめ、国内外の招待者を前に即位を宣明される儀式の当日は、あいにくの雨でした。しかし、天皇皇后両陛下が宮殿松の間の高御座《たかみくら》にお出ましになると、突然、雨がやみ、陽光が差し出しました。この時、令和の日本の将来もこうあってほしいとうれしく感じたものです。

私は奉祝国会議員連盟会長として、三村日本商工会議所会頭（当時）と共に、即位を祝う式典の主催者の一人となりました。11月9日に即位を祝う式典が皇居前広場などで行われました。全国から7万人が参加し、皇居前広場を埋め尽くします。式典では天皇皇后両陛下が二重橋にお出ましになり、万歳の声が響きました。中継をテレビで見ていた人から「皇后さまが何度も目頭をおさえておられた」というメールを頂きました。「日本国民であり幸せ」といった感想が多く寄せられ、主催側の私も感動しました。

ＮＨＫの大河ドラマ「鎌倉殿の13人」にも出てくる承久の乱以降、政治権力は幕府武士に移行、日本は権力と権威の二つの柱を持つ世界でも稀な国として歴史を刻んできました。権力と権威が一体化の国では、戦乱のごとに国の形がゆらぎますが、日本の場合、権力はゆらいでも、皇室という権威がゆらがなかったので、太平洋戦争の敗戦から立ち直れたのだと思い、この催しをやって良かったとしみじみ思いました。

衆議院選不出馬　議員引退

２０２１年の衆議院選に出馬せず、引退しました。

私は国会議員の仕事は、主権を選挙区の有権者から預かる公職なので、任期中に職務を果たせなくなると、有権者、関係者に申し訳ないと考えていました。幸い健康に過ごしてはいましたが、日本人の平均寿命に達していたので、議長退任後には常に引退を考えていたのですが、関係者の皆さんにいろいろな意見があったり、後継者の条件を満たす人がいなかったりで、延び延びになっていました。

後継者についても、いろいろな方からいろいろな意見がありましたが、最後は私が決断し、同志の地方議員や後援会の方々にご了解を得なければと考えていました。公職なので身内の世襲は避ける、地元京都に地縁、血縁のある人、京都のナショナルプロジェクトや財政状況を考えると、中央での人脈、折衝力のある人などの条件を考え、推薦のあった勝目康さんに後継をお願いしました。無事当選させて頂けたので、肩の荷を降ろした気持ちです。

議員を辞めましたが、85年の人生、37年の政治家生活、12回の衆議院選挙でお世話になった方は多く、今もいろいろな方のご相談やご依頼を受けています。縮小しましたが、東京と京都の事務所は残しています。仲間の若い議員の方々と勉強会をしたり、ＳＮＳの「フェイスブック」に所感を投稿したり。生活のリズムは以前とあまり変わりません。相変わらず、週末は地元京都に戻っています。

これまでの人生で実に多くの方々のお世話になりましたが、最も感銘を受けた人の中から元日経連会長の桜田武先生のことについて述べたいと思います。財政制度審議会会長をされていたご縁で知遇を得ましたが、すでに病魔を抱えながら、多くの方々に自筆の推薦状を書いて頂き、「しっかり頼みますぞ。政治が間違うと日本は駄目になる」と励まされました。日清紡績の古い小さなお部屋を訪ねると、小さな机、質素な椅子で読書などをしておられた。公私を厳しく分け、有言実行の国士的経営者でした。かといって堅苦しい方ではなく、お酒もたしなまれ洒脱なお人柄でした。

桜田先生がお亡くなりになられた後、私の後援会長を引き受けて頂いたのは、日経連副会長だった住友電工の亀井正夫さんで、桜田先生と同様国士然としたお人柄で、国鉄再建監理委員会委員長などを務められました。桜田先生、亀井さんもそうですが、あの時代の上場企業の経営者は、戦後多くの人が戦争責任もあって一線を退かれたので、若くして経営責任を担われたということもあってか、企業経営にも、政治を含めた公的貢献についても、創業者的勇気と責任感を持っておられたように思います。今の国会議員の経済界の後援者に、一流上場企業の経営者の名はほとんど見られないようで、時代の流れとはいえ、何か寂しい気持ちがします。

これからの時代を生きる人々へ

桜田先生も言われましたが、憲法の改正はできるだけ早く対処すべき現実的課題です。国民主権や平和主義などの基本理念は守るべきですが、「平和を愛する諸国民の公正と信義に信頼して、われらの安全と生存を保持しようと決意した」という前文のように、世界の現実と乖離《かいり》してしまった部分がある。９条の限定的改正で自衛権を明記することは「われらの安全と生存」のために考えるべきではないでしょうか。

私が憲法についてもう一つ、最近の世相から考えさせられることがあります。現憲法は戦時中の反省もあってか、多くの条項を費やし、国民の自由と権利について記しています。それはそれで大切なことですが、憲法は12条で明確に釘を刺し、自由や権利の前提になるものを明記していることが忘れられているように思います。12条には「この憲法が国民に保障する自由及び権利は、国民の不断の努力によって、これを保持しなければならない。又、国民は、これを濫用《らんよう》してはならないのであって、常に公共の福祉のためにこれを利用する責任を負ふ」とあります。義務を果たさぬ権利の主張、規律を守らぬ自由な行動は、最後は自由や権利の制限に道を開くのが歴史の教訓です。私は、憲法12条は憲法前文に明記しても良いのではと考えています。

日本の将来の国のかたちを左右し、経済や社会機能維持のために大切な少子化問題の根底には価値観の変化があり、本質的な議論が必要なように思います。今の「少子化対策」とされるものは、子どもを産んだ家庭への育児支援対策で、「結婚してもらう」、「子どもを産んでもらう」には「家庭とは何か」、「子どもとは、親にとって、祖父母にとってどういう存在なのか」を幼少の頃から、教育を含め皆で考える時のように思います。結婚、出産、子育ての経済支援だけで少子化現象を解決できるのかどうか。自分たちのその時々の価値観だけを貫いて生活した結果、国全体として少子化問題を解決できない時、宗教、言語、慣習の違う人たちを日本国民として受け入れ、共生する覚悟があるのかどうかなど、議論しなければならないことは多くあります。

私のポスターのキャッチフレーズは「品性ある国民による品格ある日本」でした。この意味を問われて、「法律で義務付けられていなくとも、公益のためには進んでやる国民、法律で禁じられていなくとも、恥ずかしいことは公益のためにやらない国民が品性ある国民で、そのような国民からなる日本が品格ある日本です」と答えたことがあります。

保守の考えの中で大切にする伝統的な規範、矜持は、国や民族ごとに微妙に違うと言われます。日本人のそれは、自己主張より協調、調和のように思います。それは農耕民族としての弥生文化、つまり助け合って耕し、助け合って収穫してきたことから来ているのではないでしょうか。これを同調圧力、自主性に欠けると批判するより、助け合いの精神、調和の文化として、国際化、異文化の影響の強い現代でも、護り残していってほしいと願っています。

保守思想の父エドマンド・バークは、国家とは祖先から受け継ぎ、次の世代に引き継ぐ三世代の共同体との趣旨を述べています。次の日本を担う方々には、日本の歴史、特に明治維新以降の近現代史を様々な角度から学んで頂きたいと思います。歴史の事実や歴史になっていくものとしての「今」を見る視点、時代を見る日になる保守の考え方を、次の世代の方々に、これからも伝えていきたいと考えています。

私はこの歳になっても、いろいろな人たち、若い方々との対話から教えられること、気付かされることが多くあります。人生とは日々学びの連続なのです。

終章　国を損なうことなかれ

「保守の旅路」も終着点に近づきました。ここで、私が日本の将来のために、軌道修正しておかねばならぬと考える財政規律のことについて、記したいと思います。若い世代の方々、特に若い政治家や公務員の皆さん、またそれらを志す方々には、この章を読んでもらい、「保守の旅路」を今一度振り返って頂ければと願っています。

何度も繰り返していますが、保守思想を理解するために必須の書とされる『フランス革命の省察』の著者であるエドマンド・バークは、「国家は過去・現在・将来という三世代の共同体」という趣旨を記しています。先の世代の残した有形、無形の遺産、負の遺産の上に私たちは今を生きており、その中で私たちは何か良きものを加えて、次の世代に受け渡していく。多くの負の遺産を受け継げば、次の世代の日々は困難の連続になります。先の世代の遺産に安穏と胡座をかいていても、次の世代からは感謝されないでしょう。

国家に限らず、企業や家族も同じです。明治以降に創業し、豪商、老舗と言われた企業で、今もしっかり残っているところは少ない。世代を越えて受け継いでいくことの難しさ、毎日の努力、時代を見る目の人切さがわかります。

現在のように国際法が整備され、国際秩序が維持されていると、ウクライナ侵略やクーデターのようなことがあっても、国家が消滅することは考えにくい。領土とそこで暮らす国民の存在を消し去ることは困難でしょう。ただ、現在の日本は国民の間に奇妙な安心感が広がっていて、自己の価値観に固執し、公共の精神は大事にされなくなっている。現状維持の感覚が広がり、人口減少や財政規律の緩みなどの負の遺産が積み重ねられているように思えます。誤りなき選択により、できるだけ負の遺産を残さぬようにしなければと思う昨今です。

民主制の下での勇気

現在の日本のような国民主権や間接民主制がどのようにして成り立ってきたのか考えてみましょう。かつて、欧州列強には絶対君主制の時代がありました。国王にすべての権限が集中し、その結果、国王の独断によって多くの戦争を繰り返し、費用を国民から徴収していました。13世紀の英国で、苛烈な税負担に国民が立ち上がり、「納税者の同意なくして、課税負担なし」といった内容の大憲章「マグナ＝カルタ」を国王に認めさせました。これが議会の始まりと言われます。納税者の意向で税収が決まり、結果的に国王の支出が規制されることを意味します。英国が議会制民主主義の母なる国と言われる所以です。

その後、多くの国では、国民の投票で議会や政府が形成され、国民の日常生活を支える現在の統治制度が定着します。納税者と公共サービスの受益者は、議会や政府を媒介させることで一致したのです。国民は納税者であり、かつての王様のような主権者にもなったのです。「王様」が多くの公共サービスを期待するなら、その費用もまた、「王様」の負担のはずです。しかし、ここに抜け道が出来ました。現状の課題を解決するために、税負担を増やして費用を調達するのではなく、国債を発行し、支払いを次の世代に先送りしてしまうという方法です。これは、現世代の痛みを緩和する「麻薬」とも言えます。麻薬も適切に使えば、麻酔効果で良薬になるように、不況で税収の少ない時に利用し、景気が回復し、税収が増えたら、まず借金を返済していけば、麻薬中毒にはなりません。しかし、一度薬になると忘れられずに使い続けて、結局、中毒症状から抜け出せなくなっているのが現状ではないでしょうか。

政治と官僚機構の制度劣化

財政を患者にたとえれば、健康状態の管理を預かる主治医は政治の役割でしょう。財務省をはじめとする官僚機構は、主治医の指示で治療にあたる担当医でしょうか。

政治において、立派なビジョンや政策は必要条件ですが、それだけでは政治を動かすことはできません。実行するための地位、権力が必要です。それらの条件は、主権を持ち、投票権を持つ国民の投票によって与えられます。投票によって選ばれて、はじめて政策を実行することが可能になる。大事なのは、政治の側が、権力を得るためではなく、「何をなすか」ということを国民の前で堂々と訴え、国民の良識に期待する気概を持つことでしょう。また、国民、有権者側にも麻薬のような国債を気楽に使い続ける怖さを理解していただきたい。選挙のときには華やかな公共事業など大きな公共サービスを公約にする政治家も登場しますが、うっかり投票しないよう留意していただきたいと思っています。国債という麻薬を使って、過剰な公共サービスの充実を公約に掲げ、投票を求める姿勢は底が浅く、この先は国民に段々と受け入れられなくなることを期待しています。

かつて、衆議院が一選挙区から複数人が選ばれる中選挙区制だった時代は、例えば5人区では候補者は20％の得票率で当選できました。同じ選挙区から自民党の候補者が複数立候補することも可能だったため、自民党内も一色に塗りつぶされることはなく、党内でも多様な意見が自由闊達に交わされていたものです。しかし、最大で50％もの得票率が必要と言われる現在の小選挙区制になってからというもの、候補者は自由な議論を封じられる傾向があり、あれもこれも実現しますという歳入を度外視したバラマキに陥りやすくなるという弊害があるように思います。というのも、各党が一選挙区に一名しか公認しない小選挙区制では、公認権を握る党執行部の立場が俄然強くなるからです。なんとしても選挙に勝ちたいと考える党執行部が、有権者に受けが良いと思われる安易なバラマキを行い、国債発行に走った場合、候補者個人としてはなかなか反対意見を出しづらい雰囲気があるのです。このため、かつての自民党税調（税制調査会）のような財政規律に対する強い主張が出てこないように思います。自民党では、総裁をはじめとした執行部に、財政規律の大切さを、あらためて認識してもらう必要がありそうです。

担当医である官僚機構からも、率直な意見具申が少なくなったのは、時代の変化が大きいのでしょうか。国債発行のなかった時代は、公的部門に資金が有り余っていました。官僚機構の発言力は公的資金の歳出抑制にあったと思います。国債発行という抜け道を政治家に握られた無力感は大きなものがあるでしょう。

さらに、２０１４年に政治側が官僚機構の幹部人事にまで関与できるようになった内閣人事局制度が発足したことにより、官僚機構はますます官邸が打ち出そうとする方針を諫めにくくなったという現実もあります。幹部人事を内閣が承認するという制度は間違ったことではありませんが、どのような制度にも長所と短所があり、短所が突出しないためには、丁寧で抑制的な運用が必要です。政治家が官僚機構の意見にも耳を傾ける度量、政治に従順かどうかだけで人事を決めないという節度や矜持が求められるのではと思います。この度量や節度、矜持を欠くと、政治に忖度して地位を得たり、省益を守ろうとしたりする官僚が出てきます。その結果、財政規律も損なわれると思うのです。

国債残高累増の病理

戦後しばらくは、日本の財政は国債発行なしで運営されていましたが、1965年に初めて国債が発行されます。さらに経済成長率が少しずつ鈍化し、税収が伸び悩む一方、長寿高齢化によって、年金、医療、介護の財政負担が増えました。子育てや教育への支援、公共インフラの充実を求める国民の期待に応えつつ、税負担を求める政治的リスクを避けるため、国債発行は年々増えています。

令和5(2023)年度の国民への公共サービスに使う一般会計予算の総額は約114

兆円で、その31％は国債で賄われています。これまで50年近く積み上げてきた国債の債務残高は１０００兆円を超え、毎年の元利払いは25兆円と予算の２割に達しています。前の世代の借金の元利払いのため、現在の私たちの納めた税金の２割は、私たちの判断で使い道を決めることができないのです。

また、我が国の経済運営も私たち日本人の思い通りにいかない厳しい現実があります。グローバリゼーションの進展によって、以前にもまして国際マーケットの動向に日本経済が影響されるようになり、経済を思うように動かせない時代に入っています。例えば、現在の物価高です。ウクライナ侵略による原油、穀物などの国際商品の価格高騰もありますが、それ以上に、日米の金利差で、円を売り、ドルで運用する圧力による円安の影響が大きいと言われています。２０２３年11月の時点で、１ドルは約１５０円です。２０２２年は１ドル１３０円、新型コロナ禍前は1ドル１１０円でしたから、為替変動だけで、輸入品は約４割の物価高騰です。しかし、金利を上げる政策をとれば、国債残高１０００兆円ですから、金利１％上昇につき最終的な国債費は10兆円以上増え、その分、公共サービスに回るお金が減るという八方ふさがりで、国債残高で身動きがとれない状況です。

痛み止めより、根本的な手術を

今は物価高で国民生活は大変です。しかし、物価高に耐えられる高額所得者までを対象にした、バラマキ型の減税や給付金などはやめ、生活が困難な人のみを対象にした対策に絞るべきです。そのうえで、国内経済を再生する抜本的対策に力を入れ、不要不急の支出を減らし、財政規律を回復する日本政府の姿を見せれば、為替相場は円高基調に反応し、物価上昇は緩やかになるでしょう。

手術には痛みが伴い、完治までに時間もかかります。このため、多くの政治家はできることなら「治療」に乗り出したくない、現実の重い課題に手を付けることを避けたいのが人情ですが、こういう時こそ、政治のリーダーシップが求められると思います。２０２３年秋、内閣支持率の低下という国民の反応も、まさにこうしたリーダーシップに原因があるのではと思います。抜本的手術には、消費と国内設備投資を増やすビジョン、政策を実行することです。自由社会、市場経済では、政府が企業の経営権に立ち入れないので、消費や設備投資マインドを促す雰囲気作り、誘導が必要で、何より政府の決意を示す具体的なビジョンを期待したい。

消費を増やすには、物価の安定と経営の苦しい中小零細企業を含めた賃金アップが求められます。設備投資をせず、内部留保を抱えるような余裕のある企業には、社員の賃上げだけでなく、仕入れ先企業からの仕入れ価格引き上げを実施するように促し、公正な取引の監視にまで踏み込む姿勢がほしい。国内設備投資拡大には、海外進出企業の工場・生産拠点の国内回帰を進めることも大切です。特に経済安全保障上、重要な防衛、半導体、製薬産業についての誘導策は不可欠に思えます。

企業の経営権に介入できない自由社会、市場経済の下では、真に社会に貢献する企業を評価する文化、世論の形成が鍵になるでしょう。江戸時代の思想家で、「道徳と経済の両立」を唱えた石門心学の石田梅岩《ばいがん》の「商いは公の為にするもの」という言葉を皆で考える時です。

抜本的手術で経済の体力が回復してきた時にこそ、国民への説明を尽くし、長寿社会の財源を皆で賄うために、消費税率引き上げの議論を避けてはならないと思います。

これらは全てが、政治の先見性と決断に懸かっています。時代の証言者として振り返ると、中曽根、小泉、第2次安倍と、長く続いた内閣は、政策への評価は分かれても、ぶれずに自己の信念を貫いたという点が共通していたように思います。岸田首相にも参考にしてもらえればと思います。

すでに触れたように、経済・財政政策の手段として、国債は悪ではありません。ケインズが提唱した、不況期は国債を発行し、財政支出で有効需要を補うフィスカルポリシーは一世を風靡したものです。

問題なのは、不必要な公共サービスを、現在の有権者には痛みの伴わない国債を財源として実施し、人気と票を得ようとする政治です。高額所得者への給付などは、行うべきではありません。その償還、利払いは、今は投票権のない将来世代にのしかかります。G7（先進7か国）の中で、GDP比では飛び抜けて国債発行残高の多い国である日本の覚醒を願っています。

写真・画像提供は伊吹文明事務所、読売新聞社。

本書は「読売新聞」朝刊に2023年4月28日から6月15日まで連載された「時代の証言者　保守の旅路　伊吹文明」の全33回に加筆の上、再構成したものです。

伊吹文明（いぶき・ぶんめい）
1938（昭和13）年京都府生まれ。生家は1820（文政3）年創業の繊維問屋。京都大学経済学部卒業後、大蔵省勤務を経て、1983年より衆議院議員（12期当選）。労働大臣、国家公安委員長、文部科学大臣、財務大臣、自民党幹事長などを歴任し、第74代衆議院議長に就任。2021年衆議院議員引退。
『シナリオ　日本経済と財政の再生』（共著、日刊工業新聞社）、『いぶき亭　四季の食卓』（講談社）などの著書あり。

望月公一（もちづき・こういち）
読売新聞政治部編集委員

保守《ほしゅ》の旅路《たびじ》

2024年2月25日　初版発行
2024年5月25日　4版発行

著　者　伊《い》吹《ぶき》文《ぶん》明《めい》
　　　　望《もち》月《づき》公《こう》一《いち》（聞き手）

発行者　安部順一

発行所　中央公論新社
〒100-8152　東京都千代田区大手町1-7-1
電話　販売 03-5299-1730　編集 03-5299-1740
URL　https://www.chuko.co.jp/

DTP　今井明子
印　刷　図書印刷
製　本　大口製本印刷

Published by CHUOKORON-SHINSHA, INC.
Printed in Japan　ISBN978-4-12-005742-7　C0031